大きな文字で
りやすい

定年後

っと困らない

金の話

マネーコンサルタント
頼藤太希

大和書房

はじめに

本書を手にとったのは、定年後にお金の不安を抱えているからでしょう。

「下流老人」「老後破綻」という言葉が一時期流行りましたが、過度に老後不安になる必要は全くありません。なぜならば、ありがたいことに、日本では老後に年金がもらえる仕組みがあり、生涯を終えるまでずっと年金を受け取ることができるからです。

確かに、決して多くはない年金ではありますが、年金だけで暮らさなければならない状況になれば、人はなんとか暮らしていけるものです。

いかがですか？　少し、老後の不安は和らいだことでしょう。

でも、あなたは次にこう思うかもしれません。

「限られた年金だけで慎ましく生活する老後は、自分が望む老後ではない」と。

おそらく本書を手に取った方の多くは、「豊かな老後」を送りたいと考えていることでしょう。

しかし、ただ願っていても自動的にお金が降ってくるわけではありません。定年後の暮らしで困らないようにするには、自らが学び、行動する必要があります。

定年前後の働き方や年金・退職金の受け取り方は工夫次第で手取り額が大きく変わります。適切に申請や手続きをすることで、給付金や手当がもらえます。

定年前後には、資産管理、税金、年金、雇用保険や健康保険など、お金に関わる手続きが山のようにあるのですが、これらを、よくわからずに、なんとなく適当に行うのと、きちんとお得な方法で手続きするのとでは、１０００万円以上の差を生むこともあります。

また、早くから資産形成をしておくことで老後に使えるお金が増え、ゆとりある老後の選択肢も広がっていきます。

本書を読み、確実に実行していけば、タイトルにある「定年後ずっと困らない」生活を必ず手に入れることができるでしょう。

ところで、「お金で困らない人生」と「後悔しない人生」はイコールではありません。お金はあくまでもツールです。お金があればできることの選択肢は増えますが、お金があっても使わなければ意味がありません。お金に不自由していなくても、老後にやりたいことがないというのも寂しい人生です。人生を豊かなものにできるかどうかは、お金の使い方次第で変わります。

どのような人生を過ごしていきたいのかを「見える化」し、行動していくことが大切です。死ぬ直前で後悔しないためには、健康なうちにやりたいことは惜しまずにやっておきましょう。

人生のどこで何をやるのか、「見える化」するツールとして、「タイムバケット」が便利です。まず現在をスタート、予想される人生最期の日をゴールとします。そして、その間を3年、5年、10年で区切り、その区切り（時間のバケツ＝タイムバケット）に、やりたいことを入れていきます。

「世界一周旅行に出かける」「地区の卓球大会で優勝する」「地元の人が集まるカフェやバーを開く」「市議会議員になって街づくりに貢献する」「書籍を出版する」「絵画や写真などの個展を開く」など残りの人生で、いつ何をしたいかを明確にします。

時間と健康とお金を軸に考えると、自由な時間を得たからできること、健康であるからこそ楽しめること、お金があるから実現できることがそれぞれ違ってくることでしょう。

最後に、大事な話です。

お金はあればあるだけ安心はするかもしれませんが、これまでの人生で必死に貯めたお金は、あの世には持っていけません。アメリカでベストセラーとなった『DIE WITH ZERO』（ダイヤモンド社）という本の著者ビル・パーキンス氏は、「1000万円の資産があれば、1000万円分の経験ができる。人生で一番大切なのは、思い出をつくることだ」と言っています。お金を残すより、思い出を残すほうが人生は豊かになるということです。

自分の寿命が何歳なのかわからないなか、お金が減ることは不安ではありますが、うまく使い切っていく、お金を減らしていくことも心のうちにぜひとどめておいてください。

本書を手にとってくれたすべての方が、「これでよかった」と思える幸せな人生を歩めることを心より願っています。

頼藤　太希

CONTENTS

Chapter 3

知らないと大損する「老後の支出」

Chapter 4

定年後も稼ぐ！ 60歳からの「働き方」

Chapter 5

iDeCoとNISAで作る「じぶん年金」

COLUMN

※本書の内容は特に記載のないものは、2023年5月末時点のものであり、予告なく変更される場合もあります。また、本書はお金についての基本的な情報の提供を目的としたもので、特定の投資行為の推奨を目的としたものではありません。本書ならびに著者、出版社等が投資結果の責任を持つものではありません。投資およびそのほかの活動の最終判断は、ご自身の責任のもとで行ってください。

Chapter 1

定年間際からでも増やせる「退職金」

退職金制度、早期退職制度の有無を確認しよう

退職金は、法律で支払うことが決まっているお金ではありません。厚生労働省「就労条件総合調査」（2018年）によると、**退職金制度がない会社は19・5％**あります。勤務する会社から退職金がもらえるかを確認しましょう。

また、早く退職することで**割増退職金**がもらえる早期退職制度を導入する会社も増えています。ある会社の場合、割増退職金の上限額は4000万円といいますから、早期退職したくなる気持ちもわかります。

しかし、仮に50歳で年収500万円の人が退職しなければ、60歳までの10年間で4000万円以上稼ぐことは決して難しくないでしょう。それに、生涯の平均年収が500万円の人が50歳で退職した場合、65歳時点の年金額は**退職しない場合より年40万円ほど減る**計算。早期退職で老後の収入が減ってしまう可能性があるのです。

退職後の人生設計がある人や、蓄えがきちんと用意できている人は早期退職してもいいですが、そうでない人は働き続けるのがベストです。

POINT

- 約２割の会社には退職金制度がない
- 早期退職するか否かを決める判断ポイントは2つ

定年退職と早期退職のお金の流れを理解しよう

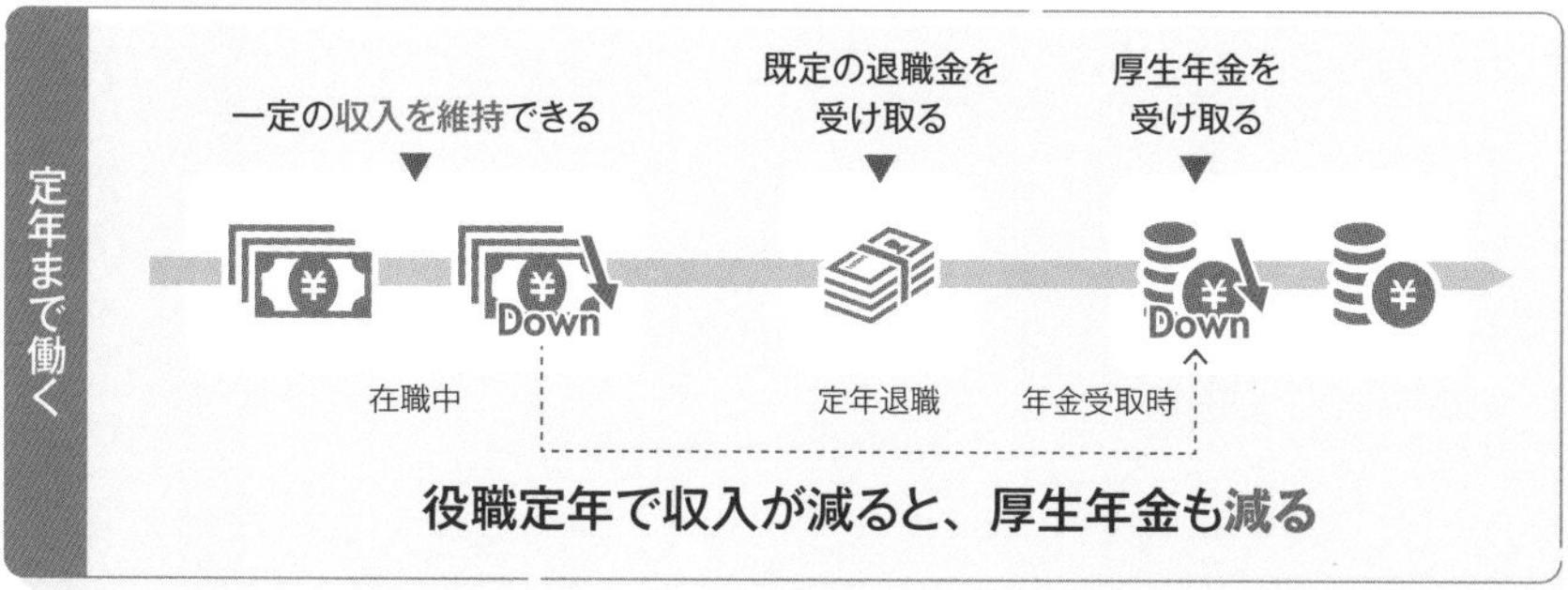
定年まで働く
一定の収入を維持できる
既定の退職金を
受け取る
厚生年金を
受け取る
Down
Down
在職中
定年退職
年金受取時
役職定年で収入が減ると、厚生年金も減る

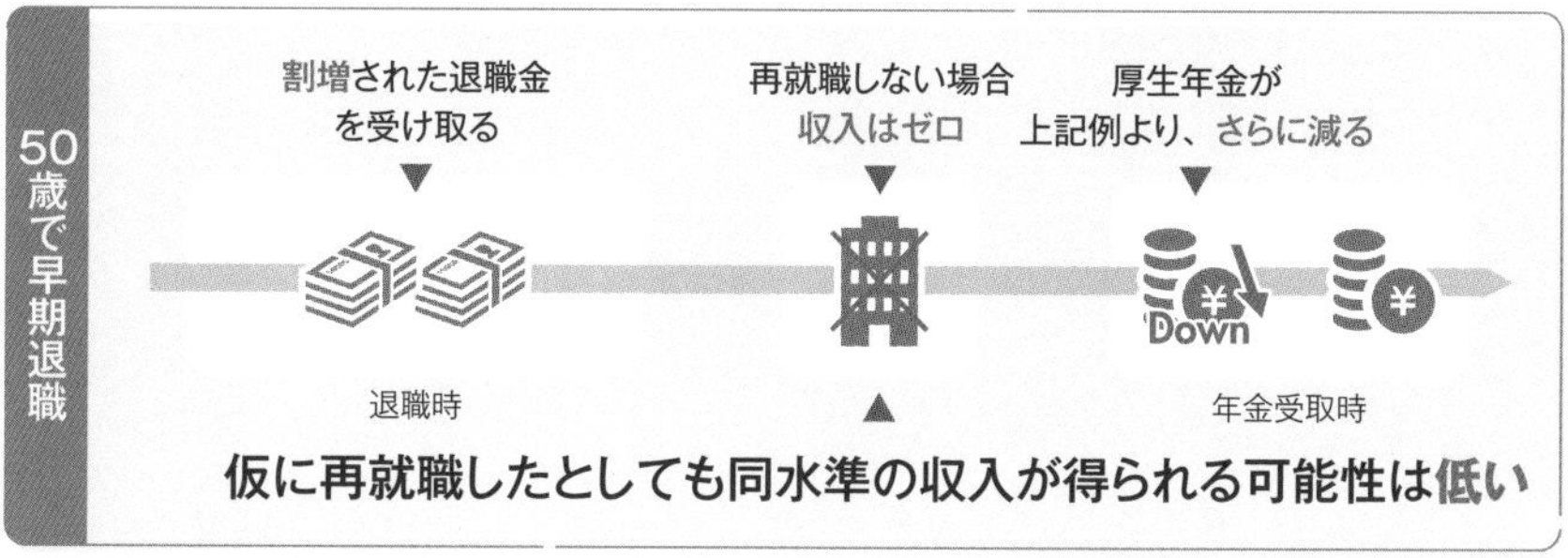
50歳で早期退職
割増された退職金
を受け取る
再就職しない場合
収入はゼロ
厚生年金が
上記例より、さらに減る
Down
退職時
年金受取時
仮に再就職したとしても同水準の収入が得られる可能性は低い

早期退職すると 将来の厚生年金の金額が大きく変わる

50歳で早期退職します

生涯の平均年収
500万円だとすると……

65歳で受け取れる年金額が年 40 万円減少！

94歳まで生きるなら

40万円×30年＝ 1,200 万円の違いが出る！

いっけん、早期退職はお得にみえますが、
「割増退職金＋現時点の貯蓄」の合計が
今後必要な老後資金として十分かを確認しましょう！
今後、やりたいことや収入を得られる目処があるなら、
早期退職を検討してもOKです。

年収激減の「役職定年」で、年金はどう変わる？

役職定年は、一定の年齢に達した社員が課長や部長といった管理職から外れる制度です。ダイヤ高齢社会研究財団の「50代・60代の働き方に関する調査報告書」によると、実際に役職定年を経験した人のうち、**役職定年後の年収が減った割合は実に９割以上**。年収が半減した人もおよそ4割います。

役職定年で年収が少なくなると、将来もらえる厚生年金の金額も減ってしまいます。20歳から60歳まで、ずっと年収５００万円だった人と、20歳から55歳まで年収５００万円だったものの、55歳から60歳までの年収が２５０万円に半減した人では、**厚生年金の金額に６・８万円の差が生じます**。これが仮に30年続いたら、**もらえる金額は２０４万円も少なくなってしまいます**。

役職定年に限った話ではありませんが、年収が下がった場合には年金額も下がってしまうことを押さえておきましょう。年収が下がり、年金額も下がることを見越して、投資でお金を増やす視点を持っておくことも大切です。

POINT

- 50代半ばから「給与ダウン」に突入
- 60歳以降の年収は今より５～６割減る人も多い

役職定年が将来の年金額に影響を及ぼす

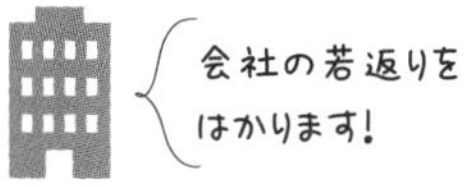
会社の若返りを
はかります!

役職定年 ＞ **収入減少** ＞ **年金減少**

役職定年：一定の年齢に達した社員が管理職から外れる制度

収入減少：役職手当がなくなるなどの理由から、9割以上の人の**収入が減少**

年金減少：年収が減ったことにより、**厚生年金の金額も減少**する

年収と年金の関係性

例　20歳から60歳までずっと年収が500万だった人と、
55歳から60歳まで年収が7割・5割に減少した人の年金額概算

	40年の平均年収	老齢厚生年金		老齢基礎年金		公的年金合計
収入の減少なし	500万円	109.6万円	＋	79.5万円	＝	189.1万円
これまでの7割に減少	約481.25万円	105.5万円	＋	79.5万円	＝	185万円（−4.1万円）
これまでの5割に減少	約468.75万円	102.8万円	＋	79.5万円	＝	182.3万円（−6.8万円）

上記はあくまで年額の試算。
そのため、長生きすればするほど、
受け取れる総金額にどんどん差が出てきます。

定年間際でも退職金の手取りを最大化する方法がある

退職金の受け取り方には、**一時金と年金**があります。一時金では「退職所得控除」、年金では「公的年金等控除」を利用して税金を減らせます。

一時金の場合、退職所得控除は勤続年数が長いほど多くなります。勤続年数の年未満の端数は切り上げるため、**退職日が1日違うだけで退職所得控除が70万円変わる**ことも。退職日をずらして勤続年数が増やせないか相談しましょう。

年金の場合、受け取っていない部分のお金は、一定の利率（予定利率）で会社が運用してくれるため、**受け取る金額の総額は多くなります**。なお、iDeCoからもらうお金も退職所得控除・公的年金等控除に含まれます（156ページ参照）。

お住まいの自治体の社会保険料の金額や退職金・企業年金の予定利率などによって細かい数字は変わりますが、基本的には**一時金で受け取ったほうが手取り面で得をする**ケースが多いでしょう。ただ、一度に大金を手にすると無駄遣いしてしまいそうな人は、年金で受け取ったほうがよいでしょう。

POINT

- 退職金の手取りを増やすコツは税金を低く抑えること
- 「退職所得控除」は勤続年数が長いほど多くなる

退職日が1日違うだけで退職所得控除は大きな差が出る！

退職所得の計算式

退職所得の金額＝（収入金額－退職所得控除）× $\frac{1}{2}$

※役員に対する退職金は勤続年数が5年以下の場合1/2を適用できない
※役員以外でも勤続年数が5年以下の場合、退職所得が300万円超のときは1/2を適用できない

退職所得控除の計算式

勤続年数（A）20年以下＝40万円×A（80万円に満たないなら80万円）
勤続年数（A）20年超＝800万円＋70万円×（A－20年）

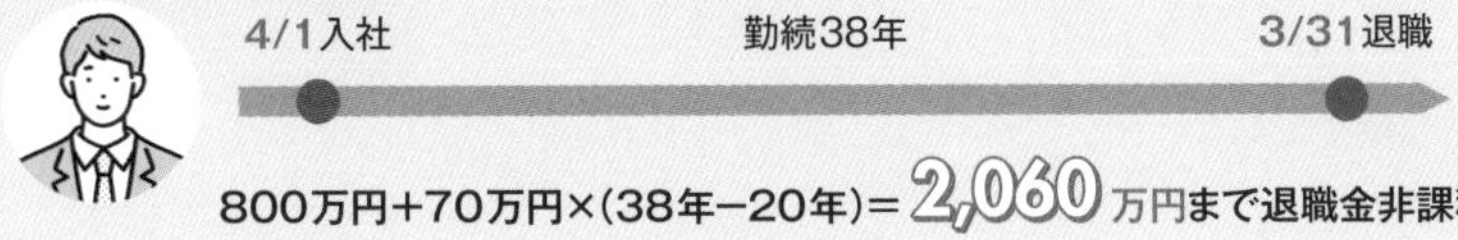

800万円＋70万円×（38年－20年）＝**2,060**万円まで退職金非課税

＼ 年末満の端数は、たとえ1日でも切り上げできる！ ／

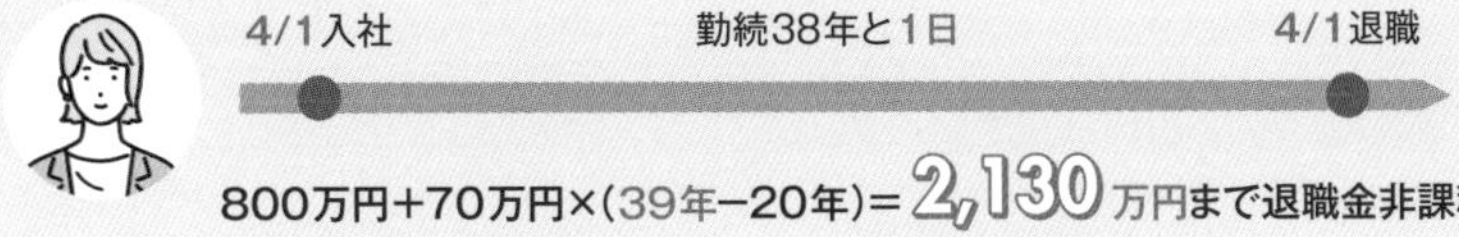

800万円＋70万円×（39年－20年）＝**2,130**万円まで退職金非課税

たった1日の違いで70万円も差が出る！

退職金が退職所得控除よりも少ない

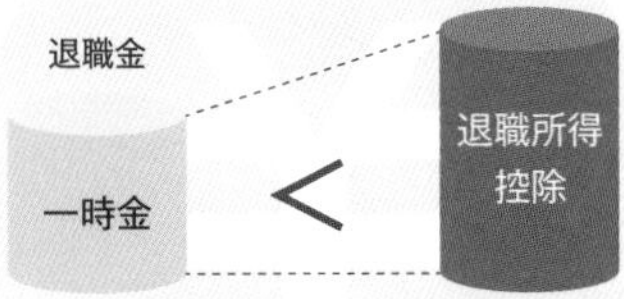

一時金で受け取る

社会保険料がかからないのもメリットのひとつ！

退職金が退職所得控除よりも多い

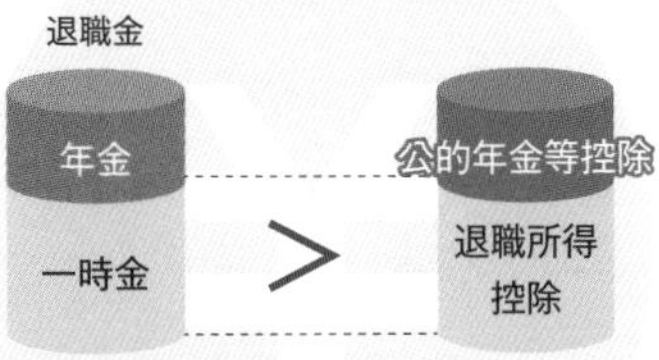

退職所得控除までは一時金
残りは年金受け取り

年金受取時のメリット

会社が運用してくれる

一定の年数をかけて少しずつ退職金を受け取るが、受け取っていない部分のお金は、一定の利率（予定利率）で会社が運用してくれる

公的年金等控除が適用になる

公的年金等控除の金額は収入や年齢で異なる

公的・厚生年金
＋
iDeCoなど
＋
退職年金など

－ 公的年金等控除 ＝ 雑所得

ここから所得税や住民税が算出される

雑所得＝年金等の収入の合計－公的年金等控除額

年金額の収入の合計（A）	公的年金等控除	
	65歳未満	65歳以上
130万円以下	60万円	110万円
130万円超～330万円以下	(A)×25%+27.5万円	110万円
330万円超～410万円以下	(A)×25%+27.5万円	(A)×25%+27.5万円
410万円超～770万円以下	(A)×15%+68.5万円	(A)×15%+68.5万円
770万円超～1,000万円以下	(A)×5%+145.5万円	(A)×5%+145.5万円
1,000万円超	195.5万円	195.5万円

社会保険料が引かれる点には要注意！

一時金ではなく、年金受け取りの場合は、受け取るたびに社会保険料が引かれます。合計所得が多い人ほど、社会保険料の金額は大きくなります。

3つの受け取り方法を比較してみよう！

条件

- 東京都文京区在住
- 38年間勤続で退職金は2,000万円
- 60～64歳までは再雇用制度で勤務し協会けんぽに加入。年収300万円
- 年金（退職年金）は10年間で受け取る（予定利率1.5%）
- 所得からは基礎控除・社会保険料控除・所得金額調整控除のみを控除

ケース① 一時金で受け取る

	収入	額面合計	税金・社会保険料	手取り合計
60歳時	退職一時金2,000万円	2,000万円	なし	2,000万円
60歳～64歳	給与300万円/年×5年間	1,500万円	65万円×5年間＝325万円	1,175万円
65歳～69歳	公的年金200万円/年×5年間	1,000万円	17万円×5年間＝85万円	915万円
		4,500万円		**4,090万円**

▶ **手取り合計がもっとも多い！**

ケース② 年金で受け取る

	収入	額面合計	税金・社会保険料	手取り合計
60歳～64歳	給与300万円/年×5年間	1,500万円	85万円×5年間＝425万円	2,150万円
	退職年金215万円/年×5年間	1,075万円		
65歳～69歳	公的年金200万円/年×5年間	1,000万円	61万円×5年間＝305万円	1,170万円
	退職年金215万円/年×5年間	1,075万円		
		4,650万円		**3,920万円**

▶ **額面は多いが、その分税金等も高くなるので、手取りが減る**

ケース③ 一時金で1,000万円＋年金で1,000万円受け取る

	収入	額面合計	税金・社会保険料	手取り合計
60歳時	退職一時金1,000万円	1,000万円	なし	1,000万円
60歳～64歳	給与300万円/年×5年間	1,500万円	70万円×5年間＝350万円	1,690万円
	退職年金108万円/年×5年間	540万円		
65歳～69歳	公的年金200万円/年×5年間	1,000万円	41万円×5年間＝205万円	1,335万円
	退職年金108万円/年×5年間	540万円		
		4,580万円		**4,025万円**

▶ **退職所得控除が使える分②の年金のみよりお得！**

再就職の契約では、給与の一部を退職金に回してもらう交渉を

　これまで勤めてきた会社に再雇用されたり、違う会社に再就職するときには、新たに雇用契約を結び、給与や働く条件などを決定します。このとき、給与の一部を退職時に受け取る退職金に回し、退職時に退職一時金として後払いしてもらうと、**税金や社会保険料を節約できる**場合があります。

　給与の一部を退職金に回すのですから、その分月収は減ってしまいます。しかし、月収が減る分、税金や社会保険料の節約につながるというわけです。さらに、**退職金を一時金でもらう場合には、社会保険料はかかりません。**手取りを増やしたいのであれば、再雇用・再就職の際に交渉してみましょう。会社にも、社員と折半して支払う社会保険料を減らせるメリットがあります。

　ただし、このテクニックは納める社会保険料が減ることになるので、**将来もらえる厚生年金が減る**点には留意しておきましょう。たとえば、年収３００万円・５年間加入から年収２４０万円・５年間加入になると、将来の厚生年金額は年１・６万円ほど減ることになります。

POINT

- 目先の税金や社会保険料の負担が安くなる！
  ただし……
- 得する額・損する額をよく把握して決めたいところ

給与の一部を退職金に回して、退職金の額をアップ！

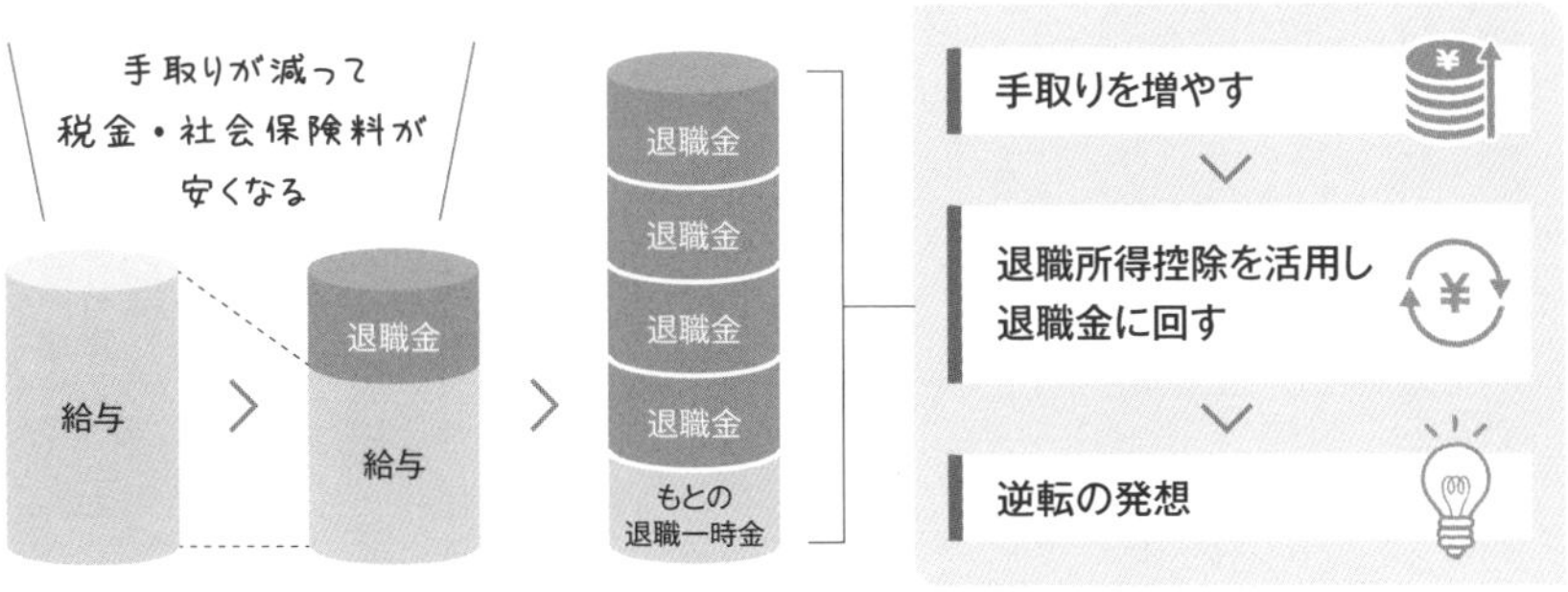

5年間、一部を退職金に回した人とどのくらいの差が出る？

	年収300万円（月給25万）	年収240万円（月給20万）＋退職金300万円
年収	3,000,000	2,400,000
所得税	53,300	37,750
住民税	116,600	85,500
社会保険料	473,100	364,200
手取り	**2,357,000**	**1,912,550**
（税＋社会保険料）	643,000	487,450
5年間の税＋社会保険料合計	**3,215,000**	**2,437,250**
退職金にかかる税金	0	**75,000**
税額合計	**3,215,000**	**2,512,250**

▶ **約70万円の節税効果**がある。つまり、約**70万円**手取りが増える！

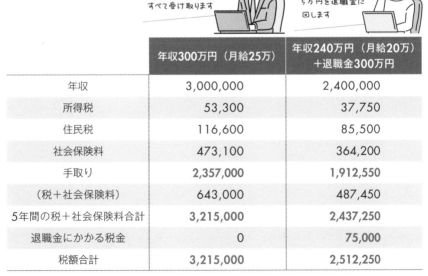

「退職所得の受給に関する申告書」を必ず提出する

60歳で定年を迎え、再雇用・再就職の場合には、60歳時点で退職金を受け取ります。とはいえ、退職金を受け取るために個人で行う手続きは、「退職所得の受給に関する申告書」を提出する程度しかありません。

定年退職が近づいてきたら、勤務先に退職所得の受給に関する申告書を提出します。所得税と住民税が源泉徴収され、確定申告が不要になり、**退職金額面から20・42%の所得税が徴収されるのを防げます**。忘れずに提出しましょう。

退職・退職金にまつわる流れ

「退職所得の受給に関する申告書」を提出 ➡ P24

- 会社からもらう書類
- 提出しない場合、**退職所得控除が適用されず、所得税も源泉徴収される**

一般に、1～2か月後に退職金が振り込まれる

- 会社の就業規則によって振り込み期日が違う

失業手当や退職所得控除を
効率よく受け取れる退職日を調整しましょう。

中小企業退職金共済制度に加入しているなら、請求を忘れずに！

- 支払いは中退共が請求を受けてから約4週間後になる

確定申告の手続きをする → P58

- 年の途中で退職し、再就職しなかった場合は確定申告が必要！
- そのほか、P59に該当するものがあれば確定申告を行う

企業年金や確定拠出年金の有無もチェック！

- 国民年金とは違い、年金を受け取るためには自ら手続きする必要あり

住民税の納付をする → P25

- 定年退職した翌年に、前年度分の住民税の支払いがあるので、お金を確保しておく

自ら手続きが必要なものがたくさんある！

上記の手続きはすべて、退職者本人が行わないといけない。手続きを忘れると、年金の受給が遅れたり、そもそも支払われないといった事態になりかねないので、自分が該当するかどうかをしっかりチェックしよう。

退職所得の受給に関する申告書の書き方

提出すると……

所得税と住民税が源泉徴収され確定申告が不要に！
退職金額面×20.42%の所得税の徴収を防げる！

Ⓐはすべての人が記入する

- 「自」には入社日、「至」には退職日を記入
- 勤続年数の1年未満は切り上げ
- 障害による退職は「障害」、それ以外の人は「一般」

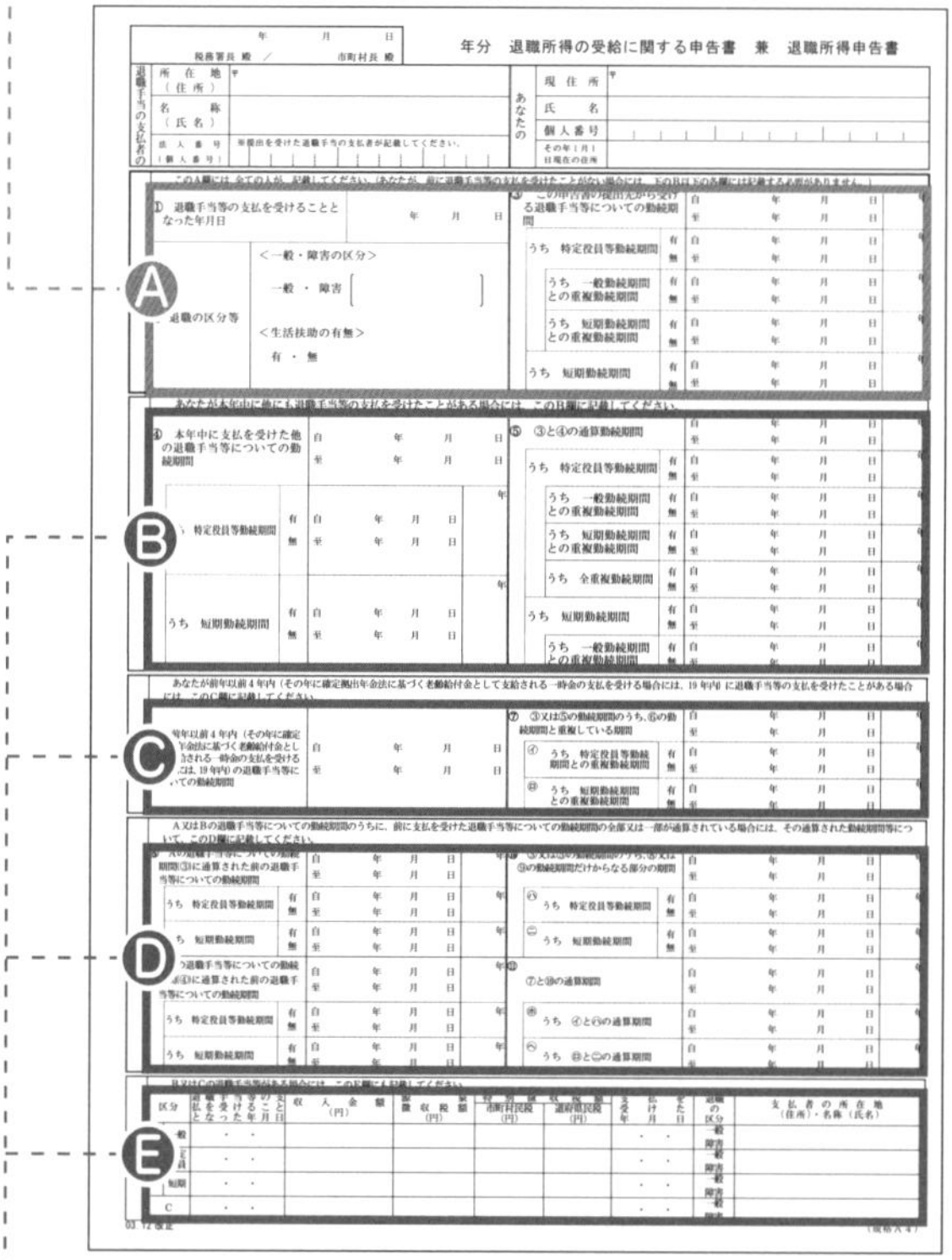

Ⓑ～Ⓔは該当する人のみ記入する

- Ⓑは、同年にほかの支払先からも退職金を受け取っている人が記入
- Ⓒは、前年以前4年内に、退職手当等の支払いを受けたことがある人が記入
- Ⓓは、ⒶまたはⒷの退職手当等についての勤続期間について記入
- Ⓔは、ⒷまたはⒸで退職手当等がある場合に記入

退職して誰もが驚くのが、「住民税決定通知書」

退職後に「高額な請求が来て驚いた」とよくいわれる税金に、住民税があります。住民税の金額は1月から12月までの**1年間の所得をもとに計算されます**。そして、翌年の6月から翌々年の5月の間に支払うしくみになっています。住民税の支払いは、1年遅れなのです。ですから、定年退職した翌年に前年、つまり現役時代の所得をもとにした住民税を支払う必要が出てきます。

退職翌年の住民税のお金は、事前に確保しておくことが大切です。

6～12月の退職は自分で住民税を納付する

● 1~5月末までに退職した人は給与・退職金から払う

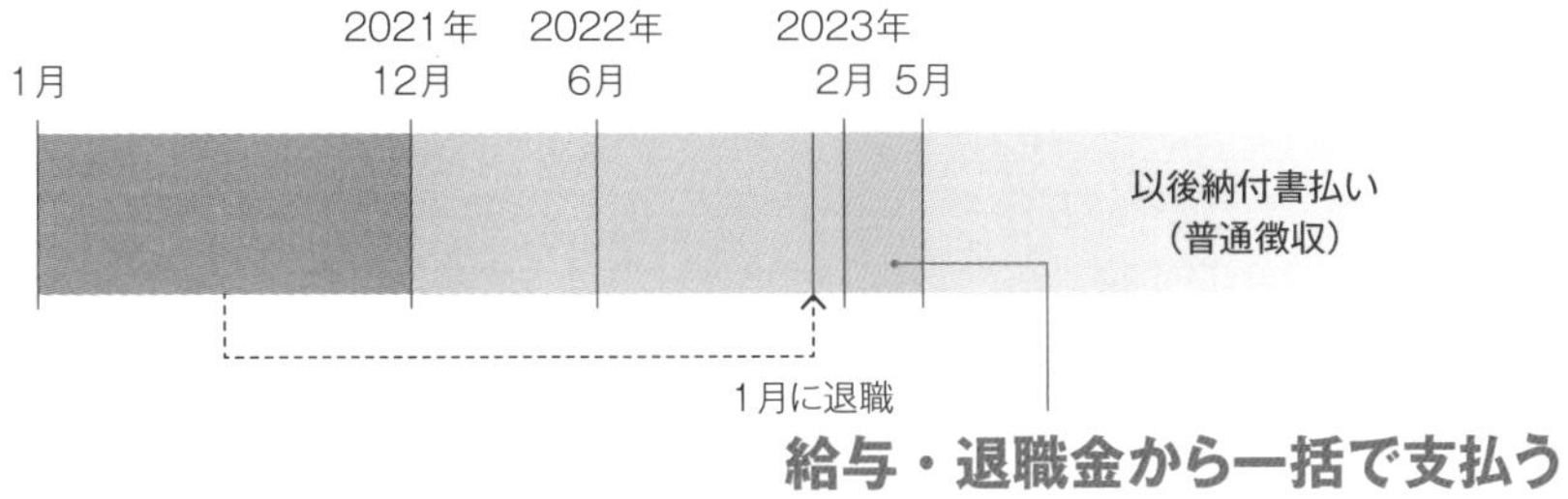

● 6~ 12月末までに退職した人は自分で納付する必要あり

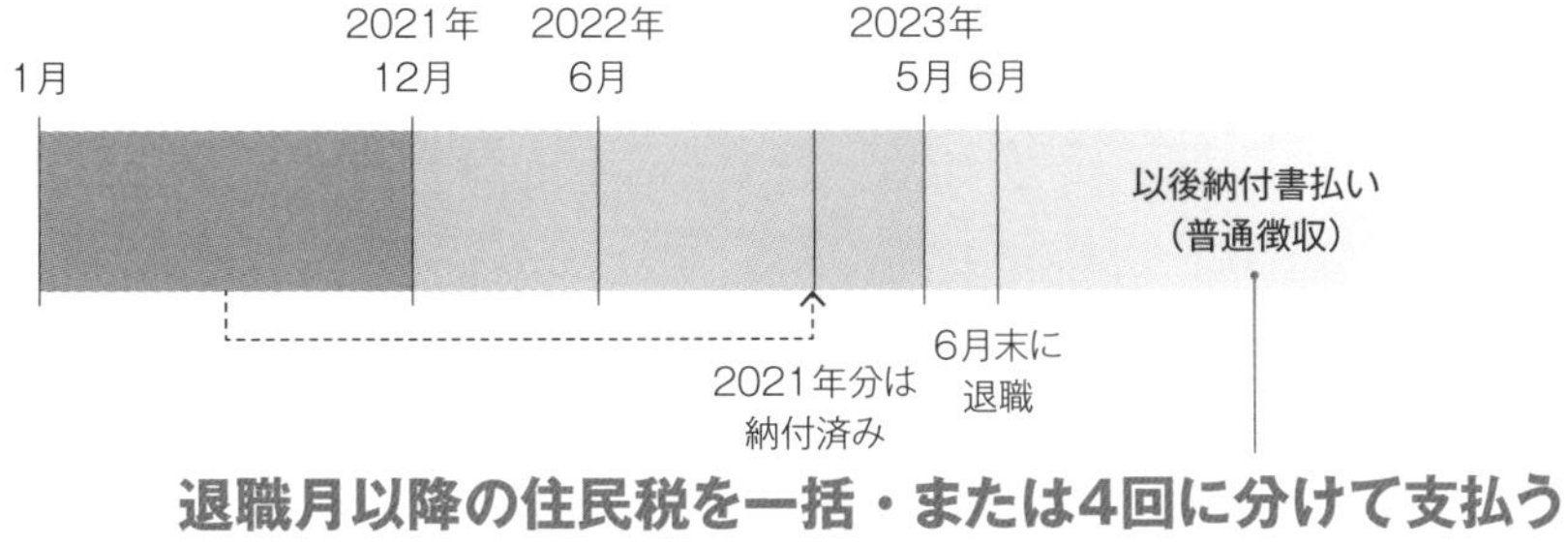

住宅ローンが残っていたら、退職金で一括返済すべきか？

住宅ローンを退職金で一括返済すると、手元の資金が減ってしまい、老後の生活や万が一の際に問題が生じる可能性もあります。住宅ローンは**ほかのローンに比べてずっと低い金利で借りられるローン**です。その返済をしてお金が少なくなったがために、ほかの金利の高いローンを借りるようでは本末転倒です。

借りている住宅ローンの金利が高い場合や、手元の資金が潤沢な場合は、一括返済をしてもいいかもしれません。しかし、借りている住宅ローンの金利が低い場合や、住宅ローンの借り換えで金利が下げられた場合、手元の資金が潤沢でない場合などは、一括返済しないほうがいいでしょう。

この場合、**退職金は資産運用に回しましょう。**NISAなどのしくみを利用して投資信託や株に投資し、お金を増やすことを目指します。仮に金利1％の住宅ローンを一括返済しても、**得られる利息の圧縮効果は1％です。**しかし、そのお金で投資を行い、年3％ずつ増やせれば、差し引き2％ずつお金を増やせます。

POINT

- ローンを完済することで、心理的な負担は軽減される
- 判断のポイントは「金利と手元資金」

退職金での住宅ローン一括返済はNG!?

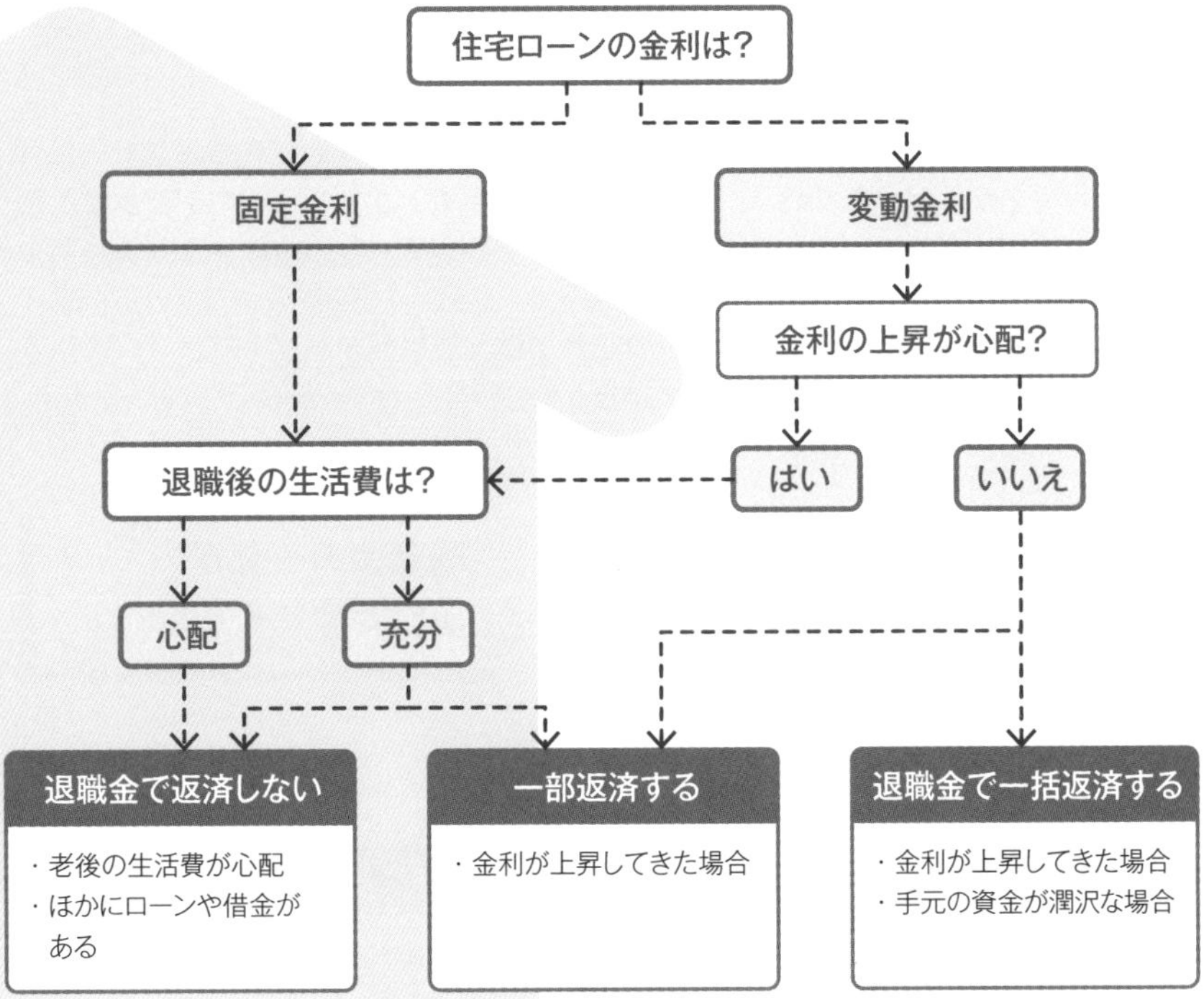

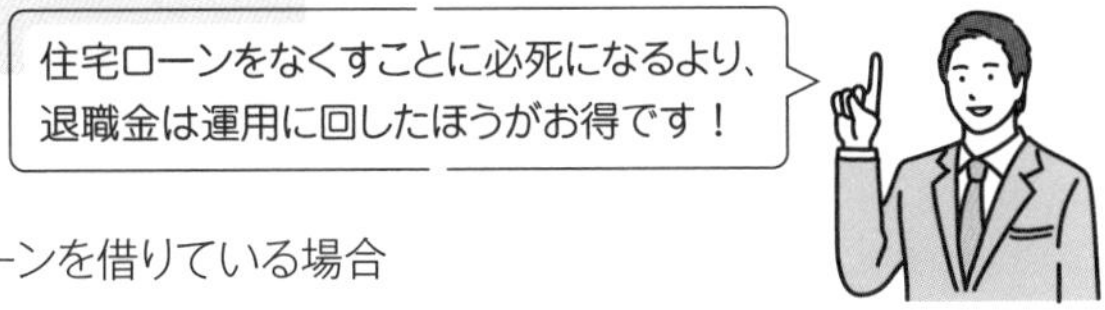

例　1%の住宅ローンを借りている場合

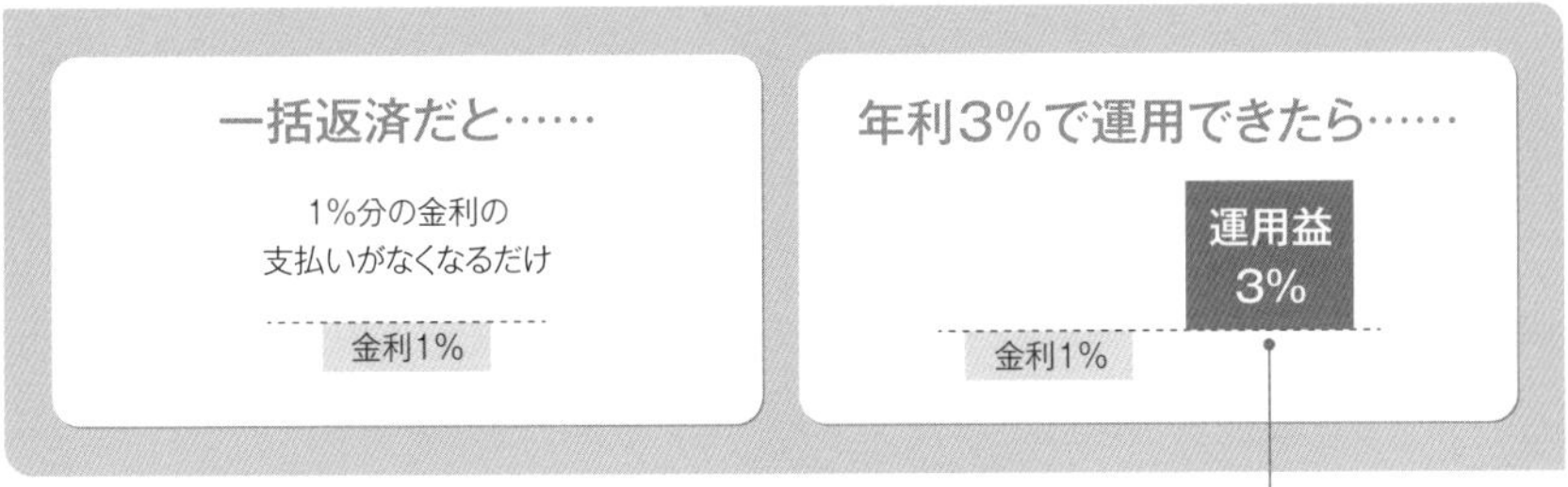

金利分を差し引いても、**2%の利益**が出る！

COLUMN

在職中に退職金を「前払いで受け取る」方法もある

会社と**金銭消費貸借契約**（将来返す前提でお金を借りる契約）を結ぶことで、会社が退職金を前払いしてくれる「退職金の前払い制度」がある会社もあります。前払いした退職金は将来、本来の退職金で相殺することで、退職金の一部が課税対象にならなくなります。

社員には、**生活に困ってもお金が借りられて助かる**メリットがあります。また会社も、お金を貸して返してもらうだけなので税金が発生せず、節税につながるうえ、社員を助けられるという面でもメリットが得られます。

- 会社と受取人が金銭消費貸借契約を結ぶ
- 退職金の一部を「前借り」として受け取る
- 退職時の退職金で前借り分を相殺する

→ **退職金の一部が課税対象にならない！**

年間で増える厚生年金の金額の目安

（単位：万円）

厚生年金加入期間		1年	2年	3年	4年	5年	6年	7年	8年	9年	10年
60歳以降の年収	200万円	1.1	2.2	3.3	4.4	5.5	6.6	7.7	8.8	9.9	11.0
	250万円	1.4	2.7	4.1	5.5	6.9	8.2	9.6	11.0	12.3	13.7
	300万円	1.6	3.3	4.9	6.6	8.2	9.9	11.5	13.2	14.8	16.4
	350万円	1.9	3.8	5.8	7.7	9.6	11.5	13.4	15.3	17.3	19.2
	400万円	2.2	4.4	6.6	8.8	11.0	13.2	15.3	17.5	19.7	21.9
	450万円	2.5	4.9	7.4	9.9	12.3	14.8	17.3	19.7	22.2	24.7
	500万円	2.7	5.5	8.2	11.0	13.7	16.4	19.2	21.9	24.7	27.4

▶ **年収が下がれば、その分厚生年金額は減るので、目の前の手取りを増やすだけでなく、長期的なバランスを考えよう**

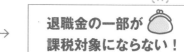

Chapter 2

受け取り後に後悔しない「年金」

自分の「年金額」を把握していますか？

日本の公的年金には国民年金と厚生年金があり、加入する人や保険料の納め方、もらえる金額が異なります。公的年金は、老後の収入の柱となるお金です。原則として65歳から亡くなるまで、一生涯もらえます。

国民年金は、原則20歳から60歳まで40年保険料を納めた場合、満額もらえます。2023年度の満額は**79万5000円**（**67歳以下**）、**79万2600円**（**68歳以上**）です。この金額は、毎年改定されます。厚生年金の金額は、加入期間中の給与や賞与の金額も踏まえて計算されます。

国民年金と厚生年金、なにが違う？

国民年金
未納期間が
長いほど、
もらえる年金が
減る！
厚生年金
年収が高い人ほど、
将来もらえる
年金額も
アップ！

加入対象	20～60歳の全国民	公務員・会社員
年金給付額	加入期間に応じて一律	年収と加入期間によって異なる
納付方法	口座の自動引き落とし、クレカ払い、納付書払い	給与から天引きされる
支給月	偶数月に**2か月分**がまとめて振り込まれる	

働き方で加入する年金が変わる

職業	フリーランス・ 自営業などの 第1号被保険者	公務員・会社員 などの 第2号被保険者	専業主婦(夫) などの 第3号被保険者
年金	国民年金	国民年金 ＋ 厚生年金	国民年金
保険料	一律 1万6,590円	月給の 18.30％ （勤務先と折半）	負担なし
保険者期間	10年以上、 60歳未満	1か月以上、 最長70歳まで	配偶者が公務員・ 会社員なら 退職時まで

年金の受け取りがスタート！

私的年金	iDeCo	iDeCo	iDeCo
企業年金		企業型確定拠出年金 確定給付年金 退職等年金給付	
公的年金	国民年金基金 付加年金 老齢基礎年金	老齢厚生年金 老齢基礎年金	老齢基礎年金

加入期間から見る将来の年金額

25年	30年	35年	40年	43年
47歳	52歳	57歳	62歳	65歳
107.5万円	113.0万円	118.6万円	124.2万円	127.6万円
112.4万円	119.0万円	125.5万円	132.1万円	136.1万円
122.3万円	130.8万円	139.4万円	147.9万円	153.0万円
128.8万円	138.7万円	148.6万円	158.4万円	164.3万円
135.4万円	146.6万円	157.8万円	168.9万円	175.7万円
142.0万円	154.5万円	167.0万円	179.5万円	187.0万円
146.9万円	160.4万円	173.9万円	187.4万円	195.5万円
156.8万円	172.2万円	187.7万円	203.2万円	212.4万円
161.7万円	178.2万円	194.6万円	211.0万円	220.9万円
166.6万円	184.1万円	201.5万円	218.9万円	229.4万円
176.5万円	195.9万円	215.3万円	234.7万円	246.4万円

下記の表は、23歳から厚生年金に加入した場合に受け取れる年金（国民年金＋厚生年金）の合計額（年額）を示しています。自分が将来どのくらいもらえるのか知っておきましょう。

厚生年金加入期間		5年	10年	15年	20年
年齢		27歳	32歳	37歳	42歳
生涯の平均年収	200万円	85.1万円	90.7万円	96.3万円	101.9万円
	250万円	86.1万円	92.7万円	99.2万円	105.8万円
	300万円	88.1万円	96.6万円	105.2万円	113.7万円
	350万円	89.4万円	99.2万円	109.1万円	119.0万円
	400万円	90.7万円	101.9万円	113.0万円	124.2万円
	450万円	92.0万円	104.5万円	117.0万円	129.5万円
	500万円	93.0万円	106.5万円	119.9万円	133.4万円
	550万円	95.0万円	110.4万円	125.9万円	141.3万円
	600万円	95.9万円	112.4万円	128.8万円	145.3万円
	650万円	96.9万円	114.4万円	131.8万円	149.2万円
	700万円	98.9万円	118.3万円	137.7万円	157.1万円

※国民年金満額（79万5,000円［67歳以下の金額］）と厚生年金額の目安
※厚生年金：平均年収÷12×0.005481×加入月数で計算
※65歳未満の金額は65歳時点での受給金額を表示

ライフスタイル別　年金予想額①一人世帯

すでに確定している年金

22歳　　30歳　　40歳

正社員
年収350万円

正社員
年収450万円

転職

年金額

老齢厚生年金		老齢基礎年金		現時点での年金
年40万8,000円	＋	年39万7,500円	＝	年80万5,500円

これからの働き方にあわせた予想年金額

40歳　　50歳　　65歳

正社員
年収600万円

フリーランスに

年収700万円
（厚生年金には未加入）

予想年金額

老齢厚生年金		老齢基礎年金		65歳時点での年金
年70万4,000円	＋	年79万5,000円	＝	年149万9,000円

老後の収入を増やすには

働けるうちは
働き続ける

50歳から付加年金、
国民年金基金、
小規模企業共済に加入する

iDeCo、NISAで
じぶん年金を作る

75歳まで繰り下げ
↓
65歳時点の1.84倍
年276万円（+126万円増）

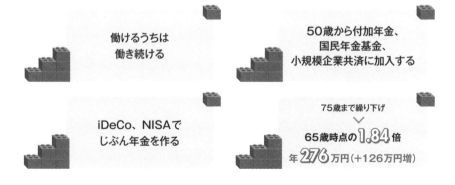

ライフスタイル別　年金予想額②二人世帯

夫

22歳　30歳　40歳　60歳　65歳

正社員
年収300万円

正社員
年収400万円

正社員
年収500万円

契約社員
年収300万円

予想年金額

老齢厚生年金
年98万5,000円
＋
老齢基礎年金
年79万5,000円
＝
65歳時点での年金
年178万円

妻

22歳　30歳　36歳　45歳　60歳　65歳

子ども誕生

正社員
年収300万円

専業
主婦

正社員
（時短勤務）
年収250万円

正社員
年収350万円

契約社員
年収200万円

予想年金額

老齢厚生年金
年60万7,000円
＋
老齢基礎年金
年79万5,000円
＝
65歳時点での年金
年140万2,000円

夫婦の65歳時点の年金額 年318万2,000円

老後の収入を増やすには

- 70歳まで
厚生年金に加入して働く
- 70歳、75歳まで
繰り下げ
- 70歳以降も
個人事業主として働く
- iDeCo、NISAで
じぶん年金を作る

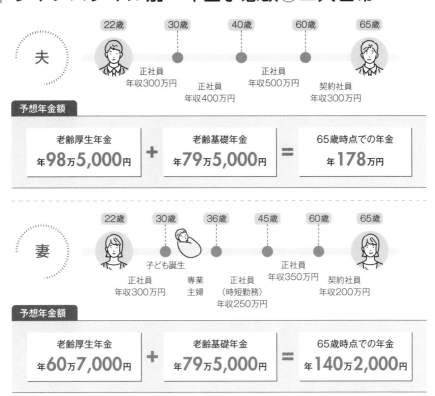

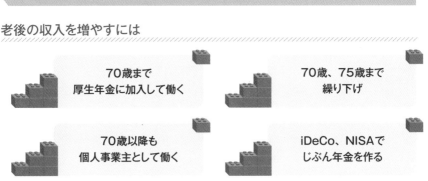

自営業やフリーランスが手軽に年金額を増やせる制度がある

大前提として、老齢基礎年金が満額もらえるように、「**国民年金の任意加入**」制度を利用しましょう。これは、60歳以上65歳未満の人が国民年金保険料を納め、**国民年金の加入期間を延ばす**という制度です。何らかの理由によって加入期間が40年に満たない人などは利用しておきたい制度です。

国民年金基金や**付加年金**もフリーランスの年金を上乗せする心強い味方です。国民年金基金は毎月掛金を納めることで、**会社員・公務員の厚生年金にあたる年金を用意**できます。付加年金は、国民年金保険料に**月４００円上乗せするだけ**で、65歳からの老齢基礎年金が月２００円×納付月数分プラス。付加年金保険料を2年で回収でき、その後は年金をもらうほどお得になる制度です。どちらの制度も掛金は全額、社会保険料控除として所得控除になるため、**税金を減らしながら年金の上乗せができます**。

ただし、国民年金基金と付加年金の併用はできません。「国民年金基金とｉＤｅＣｏ」「付加年金とｉＤｅＣｏ」の併用はできます。

POINT

- 国民年金の未納期間があるなら任意加入
- 1年間未納があれば、年金額は年約2万円も減ってしまう

国民年金基金と付加年金のしくみ

フリーランスや
自営業のための、
上乗せ制度です！

	国民年金基金	付加年金
対象者	第1号被保険者	第1号被保険者 65歳未満の任意加入者
掛金金額	月額最大6万8,000円 （iDeCoとの合計金額）	400円
受給開始	60歳または65歳	原則65歳から
受給額	月額1 ～ 2万円 （50歳までに1口加入時）	200円×付加年金保険料 納付月数
iDeCoとの併用	○	○

年金制度、どう組み合わせる？

お金をかけられない人

付加年金からスタート。
余裕ができたらiDeCoも

運用を任せたい人

国民年金基金なら
自分で運用する必要なし

自分で運用したい人

iDeCoで運用。
自分で投資先を調べる

バランスよく取り組みたい人

国民年金基金とiDeCoを併用

ねんきん定期便に「誤り」がないか、しっかり確認

日本年金機構「事務処理誤り等（令和3年4月分～令和4年3月分）の年次公表について」によると、2021年度は**事務処理の誤りが1347件**あったと報告されています。そのうち約半数にあたる644件が「金額に影響のあった誤り」で、未払いが228件。合計約1・8億円の年金が正しく支払われていませんでした。

国民の約3割、約4000万人が年金受給者と考えれば、誤りの数はそれほど多くないといえるかもしれませんが、国側が間違えることも意外とあります。万が一年金の記録に誤りがあって年金がもらえなかったら大変です。よって、ねんきん定期便が間違っていないか必ず確認しましょう。

とくに「**転職した（何度もしている場合はとくに）**」「**結婚・離婚で苗字が変わった**」「**名前の読み方が複数ある**」場合には誤りが発生している可能性があります。先の誤り1347件のうち、日本年金機構への問い合わせを機に判明した誤りは588件。疑問点がある場合は問い合わせましょう。

POINT

- 将来受け取れる年金額は、「ねんきん定期便」を確認
- 年金保険料の納付状況を確認

50歳未満の人は「ねんきん定期便」のココをチェック！

年に1回誕生日前後に送られてくるハガキ

最近の年金保険料納付状況(ハガキの場合は1年分)

「ねんきん定期便」の作成時点の年金加入実績をもとに、計算した年金額(年額)を表示

これまで納付した保険料の累計額

国民年金・厚生年金の保険料を納めた期間と免除された期間の月数

ねんきんネット(P41)のアクセスキー(有効期限3か月)

これまでの加入実績をもとにした年金額の合計

記載がない人は年金事務所に必ず相談を！

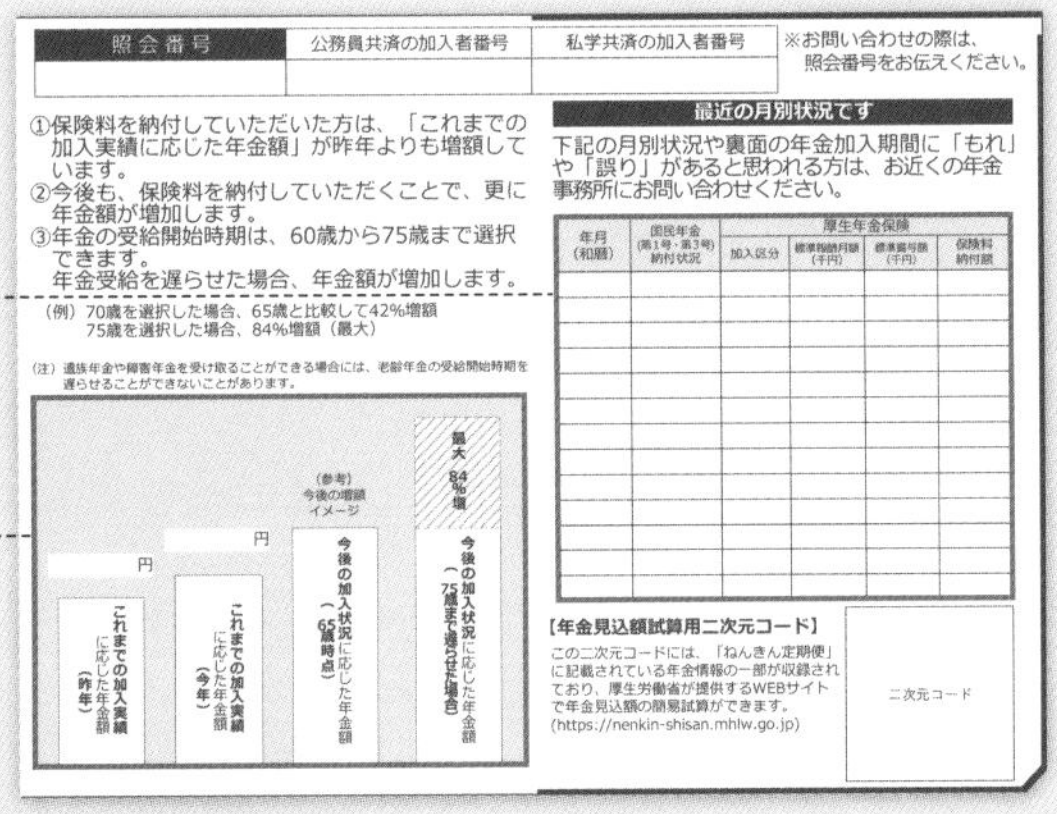

照会番号	公務員共済の加入者番号	私学共済の加入者番号

※お問い合わせの際は、照会番号をお伝えください。

①保険料を納付していただいた方は、「これまでの加入実績に応じた年金額」が昨年よりも増額しています。
②今後も、保険料を納付していただくことで、更に年金額が増加します。
③年金の受給開始時期は、60歳から75歳まで選択できます。
年金受給を遅らせた場合、年金額が増加します。
(例) 70歳を選択した場合、65歳と比較して42%増額
75歳を選択した場合、84%増額（最大）

(注) 遺族年金や障害年金を受け取ることができる場合には、老齢年金の受給開始時期を遅らせることができないことがあります。

最近の月別状況です

下記の月別状況や裏面の年金加入期間に「もれ」や「誤り」があると思われる方は、お近くの年金事務所にお問い合わせください。

年月(和暦)	国民年金(第1号・第3号)納付状況	厚生年金保険 加入区分	標準報酬月額(千円)	標準賞与額(千円)	保険料納付額

【年金見込額試算用二次元コード】
この二次元コードには、「ねんきん定期便」に記載されている年金情報の一部が収録されており、厚生労働省が提供するWEBサイトで年金見込額の簡易試算ができます。
(https://nenkin-shisan.mhlw.go.jp)

二次元コード

1．これまでの保険料納付額（累計額）

(1) 国民年金保険料（第1号被保険者期間）	円
(2) 厚生年金保険料（被保険者負担額）	
一般厚生年金期間	円
公務員厚生年金期間	円
私学共済厚生年金期間	円
(1) と (2) の合計	円

お客様へのお知らせ

2．これまでの年金加入期間（老齢年金の受け取りには、原則として１２０月以上の受給資格期間が必要です）

国民年金(a) 第1号被保険者(未納月数を除く)	第3号被保険者	国民年金 計(未納月数を除く)	付加保険料納付済月数	船員保険(c)	年金加入期間 合計(未納月数を除く)(a+b+c)	合算対象期間等(d)	受給資格期間(a+b+c+d)
月	月	月	月	月	月	月	月

厚生年金保険(b) 一般厚生年金	公務員厚生年金	私学共済厚生年金	厚生年金保険 計
月	月	月	月

3．これまでの加入実績に応じた年金額
(今後の加入状況に応じて年金額は増加します※表面の図もご覧ください)

(1) 老齢基礎年金	円
(2) 老齢厚生年金	
一般厚生年金期間	円
公務員厚生年金期間	円
私学共済厚生年金期間	円
(1) と (2) の合計	円

ねんきんネットの「お客様のアクセスキー」

※「お客様のアクセスキー」の有効期限は、本状到着後、3カ月です。

右のマークは目の不自由な方のための音声コードです。

「ねんきん定期便」の見方は
ねんきん定期便　見方　検索
(https://www.nenkin.go.jp/service/nenkinkiroku/torikumi/teikibin/teikibin.html)

※一般厚生年金期間の報酬比例部分には、厚生年金基金の代行部分を含んでいます。

35歳・45歳・59歳は今までの年金加入履歴や納付したすべての保険料が記載された封書が届く！

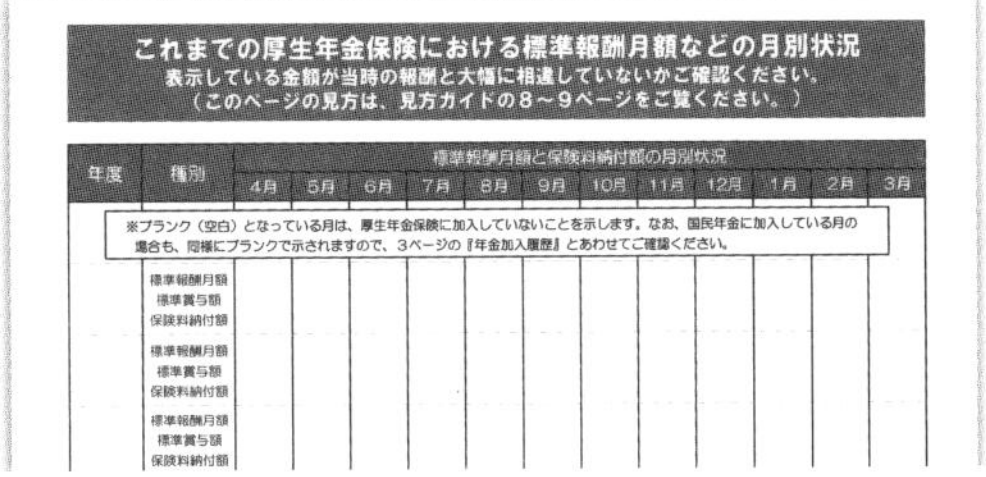

これまでの厚生年金保険における標準報酬月額などの月別状況
表示している金額が当時の報酬と大幅に相違していないかご確認ください。
（このページの見方は、見方ガイドの8～9ページをご覧ください。）

年度	種別	標準報酬月額と保険料納付額の月別状況 4月	5月	6月	7月	8月	9月	10月	11月	12月	1月	2月	3月
	標準報酬月額 標準賞与額 保険料納付額												
	標準報酬月額 標準賞与額 保険料納付額												
	標準報酬月額 標準賞与額 保険料納付額												

※ブランク（空白）となっている月は、厚生年金保険に加入していないことを示します。なお、国民年金に加入している月の場合も、同様にブランクで示されますので、3ページの『年金加入履歴』とあわせてご確認ください。

50歳以上の人は「ねんきん定期便」の裏面をチェック！

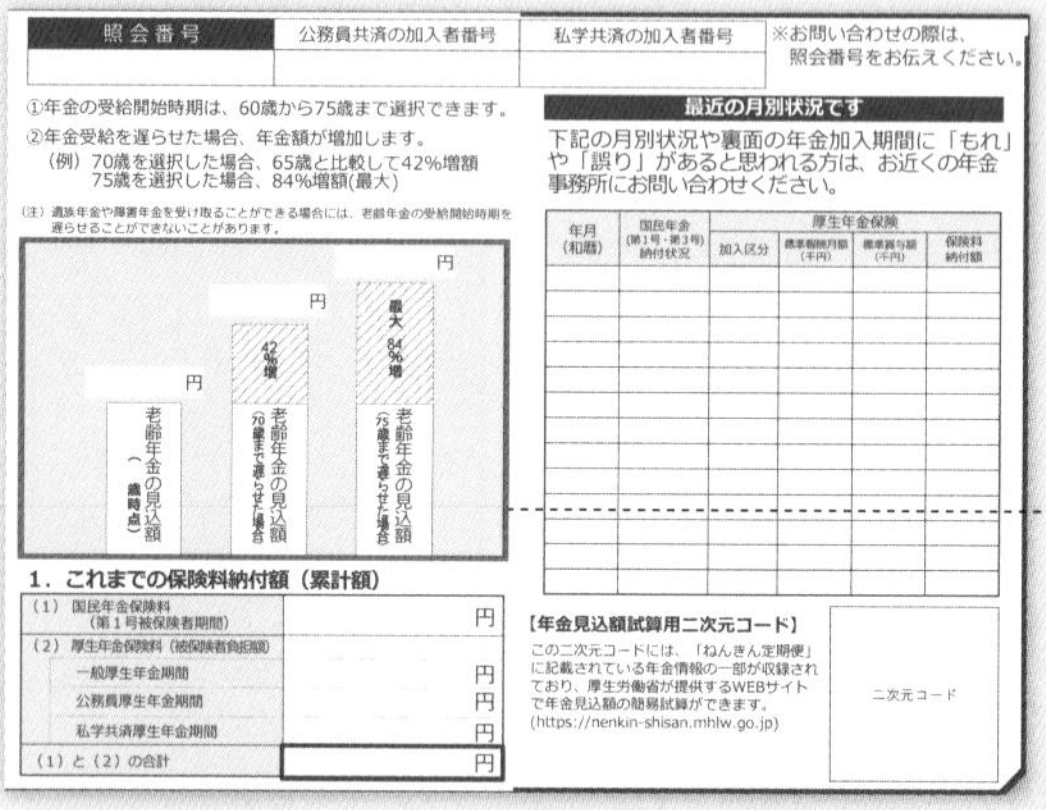

照会番号	公務員共済の加入者番号	私学共済の加入者番号	※お問い合わせの際は、照会番号をお伝えください。

①年金の受給開始時期は、60歳から75歳まで選択できます。
②年金受給を遅らせた場合、年金額が増加します。
（例）70歳を選択した場合、65歳と比較して42%増額
75歳を選択した場合、84%増額(最大)

（注）遺族年金や障害年金を受け取ることができる場合には、老齢年金の受給開始時期を遅らせることができないことがあります。

円
老齢年金の見込額（ 歳時点）
円
42%増
老齢年金の見込額（70歳まで遅らせた場合）
円
最大 84%増
老齢年金の見込額（75歳まで遅らせた場合）

最近の月別状況です

下記の月別状況や裏面の年金加入期間に「もれ」や「誤り」があると思われる方は、お近くの年金事務所にお問い合わせください。

年月（和暦）	国民年金（第1号・第3号）納付状況	厚生年金保険 加入区分	標準報酬月額（千円）	標準賞与額（千円）	保険料納付額

1．これまでの保険料納付額（累計額）

（1）国民年金保険料（第1号被保険者期間）	円
（2）厚生年金保険料（被保険者負担額）	
一般厚生年金期間	円
公務員厚生年金期間	円
私学共済厚生年金期間	円
（1）と（2）の合計	円

【年金見込額試算用二次元コード】
この二次元コードには、「ねんきん定期便」に記載されている年金情報の一部が収録されており、厚生労働省が提供するWEBサイトで年金見込額の簡易試算ができます。
(https://nenkin-shisan.mhlw.go.jp)

二次元コード

表面は、
50歳未満まで
受け取ってきたハガキ
とほぼ同じ内容

60歳まで加入した場合に、65歳から受け取れる年金の目安

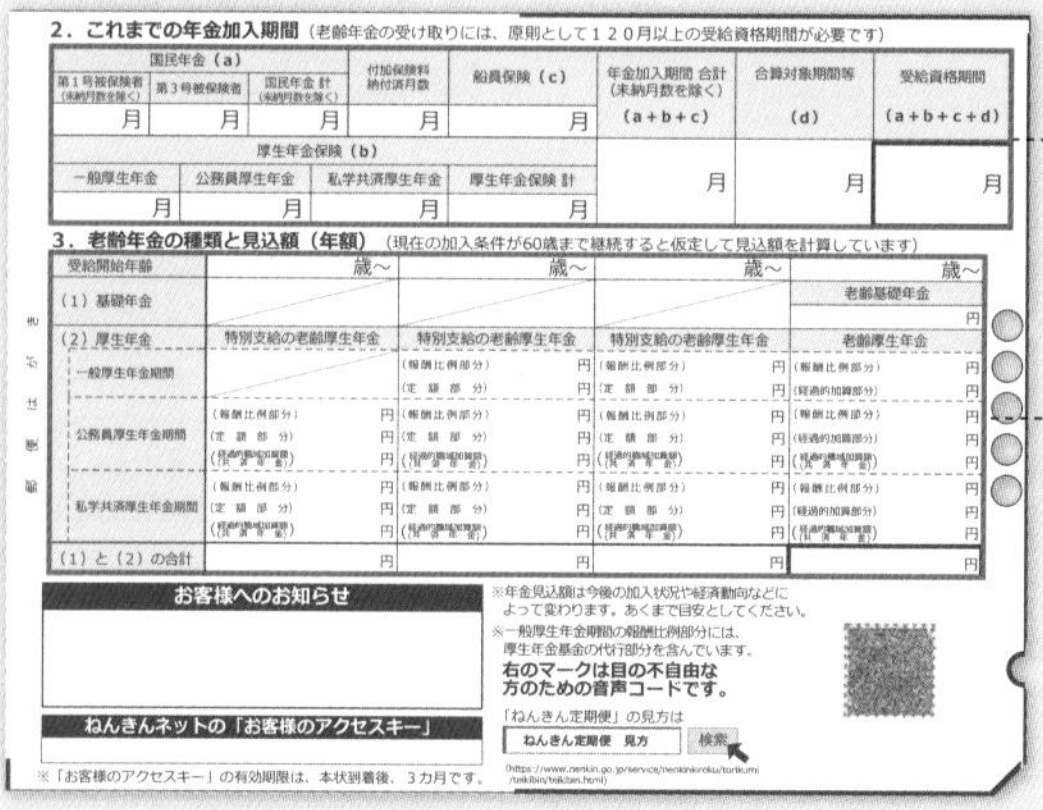

2．これまでの年金加入期間（老齢年金の受け取りには、原則として120月以上の受給資格期間が必要です）

国民年金（a） 第1号被保険者（未納月数を除く）	第3号被保険者	国民年金 計（未納月数を除く）	付加保険料納付済月数	船員保険（c）	年金加入期間 合計（未納月数を除く）（a＋b＋c）	合算対象期間等（d）	受給資格期間（a＋b＋c＋d）
月	月	月	月	月			
厚生年金保険（b） 一般厚生年金	公務員厚生年金	私学共済厚生年金	厚生年金保険 計				
月	月	月	月		月	月	月

3．老齢年金の種類と見込額（年額）（現在の加入条件が60歳まで継続すると仮定して見込額を計算しています）

受給開始年齢	歳～	歳～	歳～	歳～
（1）基礎年金				老齢基礎年金 円
（2）厚生年金	特別支給の老齢厚生年金	特別支給の老齢厚生年金	特別支給の老齢厚生年金	老齢厚生年金
一般厚生年金期間		（報酬比例部分） 円 （定額部分） 円	（報酬比例部分） 円 （定額部分） 円	（報酬比例部分） 円 （経過的加算部分） 円
公務員厚生年金期間	（報酬比例部分） 円 （定額部分） 円 （経過的職域加算額（共済年金）） 円	（報酬比例部分） 円 （定額部分） 円 （経過的職域加算額（共済年金）） 円	（報酬比例部分） 円 （定額部分） 円 （経過的職域加算額（共済年金）） 円	（報酬比例部分） 円 （経過的加算部分） 円 （経過的職域加算額（共済年金）） 円
私学共済厚生年金期間	（報酬比例部分） 円 （定額部分） 円 （経過的職域加算額（共済年金）） 円	（報酬比例部分） 円 （定額部分） 円 （経過的職域加算額（共済年金）） 円	（報酬比例部分） 円 （定額部分） 円 （経過的職域加算額（共済年金）） 円	（報酬比例部分） 円 （経過的加算部分） 円 （経過的職域加算額（共済年金）） 円
（1）と（2）の合計	円	円	円	円

お客様へのお知らせ

ねんきんネットの「お客様のアクセスキー」

※「お客様のアクセスキー」の有効期限は、本状到着後、3カ月です。

※年金見込額は今後の加入状況や経済動向などによって変わります。あくまで目安としてください。
※一般厚生年金期間の報酬比例部分には、厚生年金基金の代行部分を含んでいます。
右のマークは目の不自由な方のための音声コードです。
「ねんきん定期便」の見方は
ねんきん定期便 見方 検索
(https://www.nenkin.go.jp/service/nenkinkiroku/torikumi/teikibin/teikibin.html)

これまでの年金加入期間

老齢年金の種類と見込み額

以下に該当する人は念入りにチェックしよう！

- 転職した（何度もしている場合はとくに注意！）
- 結婚・離婚で苗字が変わった
- 名前の読み方が複数ある

記載内容が誤っていると、年金を受け取れない可能性もある！

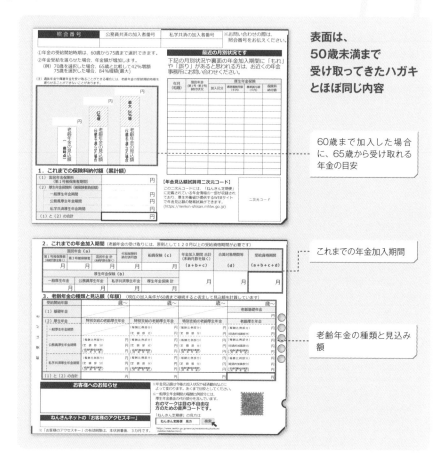

すぐ確認したい人は「ねんきんネット」にアクセス！

ねんきんネットでは……こんなことができる！

ハガキに記載されているアクセスキーを使ってログイン

これまでの年金記録の確認

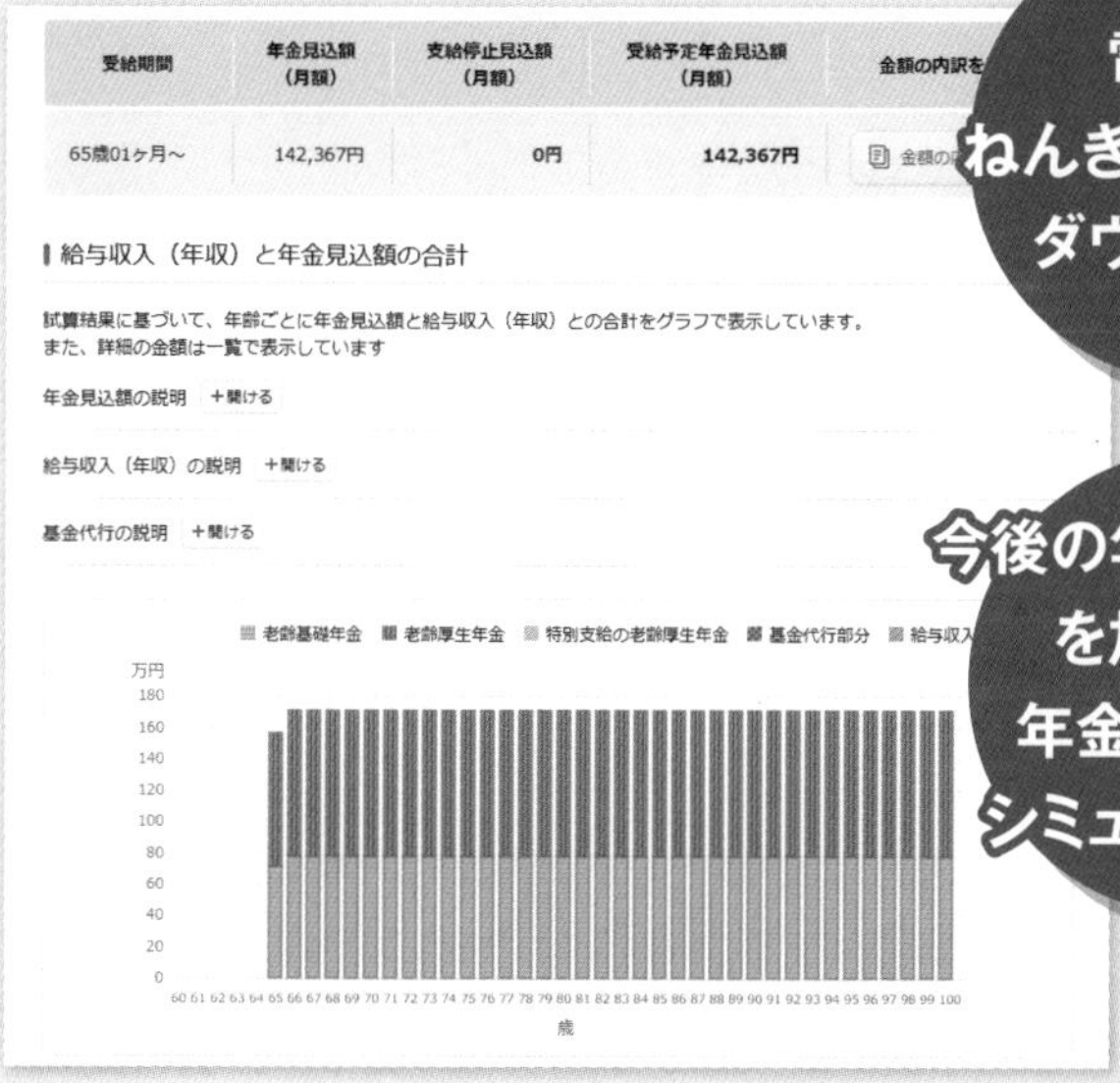

電子版ねんきん定期便のダウンロード

今後の年収・働き方を加味した年金受取額のシミュレーション

マイナンバーを持っている人なら、いつでもアクセスできます！

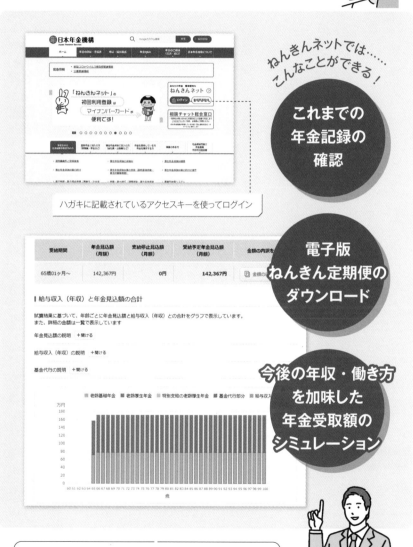

「年金は何歳から受け取るのがトクなのか」は、こう考える

年金の受給開始は原則65歳ですが、希望すれば60〜75歳の間で受け取りを開始できます。

60〜64歳までの「繰り上げ受給」では、1か月早めるごとに0・4%ずつ受給率が減り、60歳まで年金の受給開始を早めると**受給率は76%（24%減額）**となります。一方、66〜75歳までの「繰り下げ受給」では、1か月遅らせるごとに0・7%ずつ受給率が増え、75歳まで遅らせると**受給率は184%（84%増額）**となります。年金は一度受け取りを開始すると、その受給率が一生続きます。

年金の繰り下げ待機中にまとまったお金が必要になった場合は、年金を**最大5年分さかのぼって一括で受給**できます。5年以上繰り下げ待機した人の場合は、最大5年分の年金を一括受給できるうえ、5年前に繰り下げの申し出があったとみなされて、以後の年金受給額が増加します。なお、繰り上げ受給は国民年金・厚生年金セットで同時に行うしくみですが、繰り下げ受給は国民年金・厚生年金の片方だけを繰り下げることができます。

POINT

- 年金は一度受け取りを開始すると、その受給率が一生続く
- 繰り上げ受給・繰り下げ受給は1か月単位で選択できる

65歳から繰り下げ待機、68歳時点で受け取る方法

[ケース①] 68歳から年金で受け取る

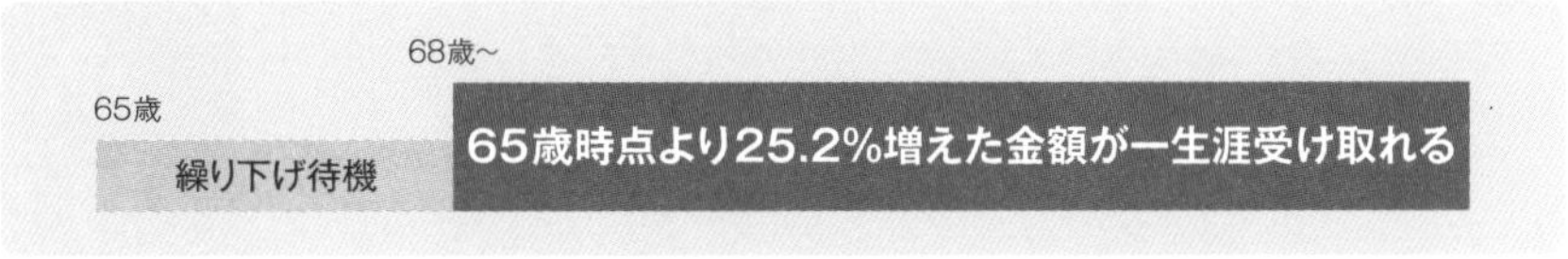

[ケース②] 65 ～ 68歳までの年金をさかのぼって一括受給する

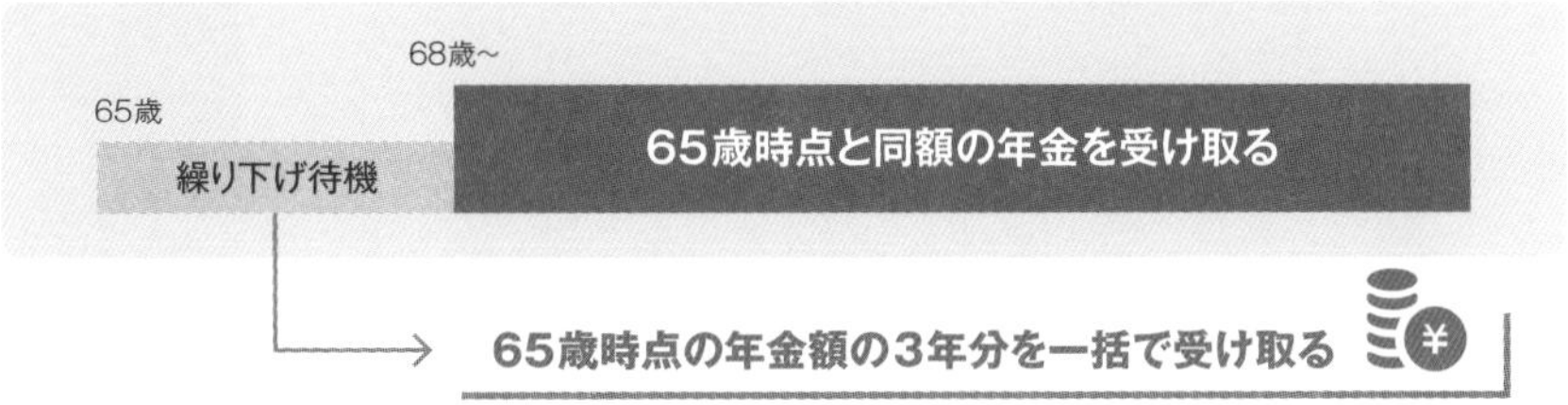

65歳から繰り下げ待機、72歳時点で受け取る方法

[ケース①] 72歳から年金で受け取る

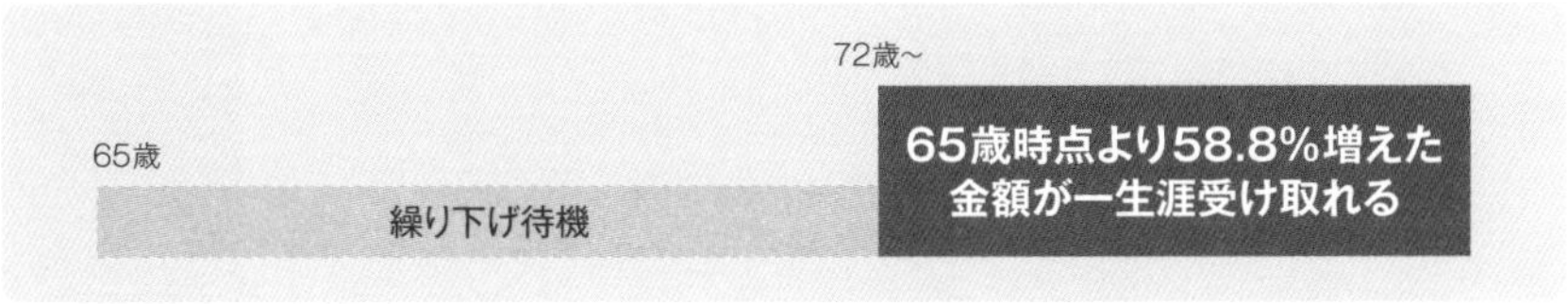

[ケース②] 67 ～ 72歳までの年金をさかのぼって一括受給する

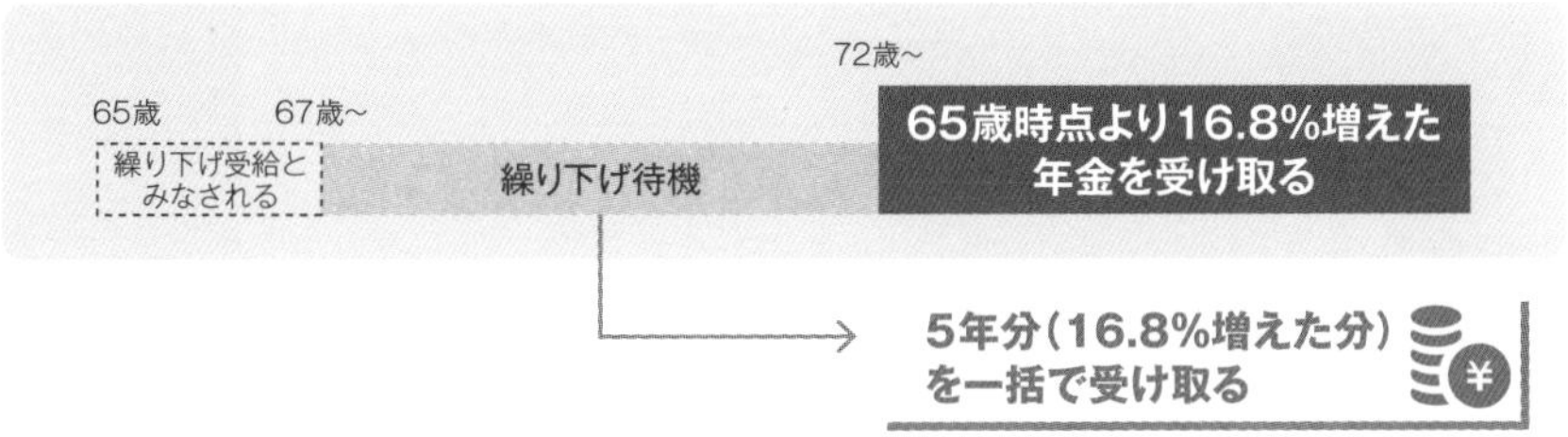

年金を「繰り上げ」「繰り下げ」する場合の注意ポイント

年金額は、多いに越したことはありません。その点では、**繰り下げ受給でなるべく年金額を増やし、万が一の際には一括受け取りをする**ことをおすすめします。しかし、何らかの事情で働けない人や、病気などであまり長生きしないと考えている人、若いうちにお金を受け取りたいと考える人などは、繰り上げ受給をしたほうがいいと思うでしょう。

年金の繰り上げ受給にも繰り下げ受給にも、左図のようにデメリットはあります。どちらを選ぶと合計で得られる年金額が多くなるかは、死んだときにしかわかりませんので、最後は自分自身で判断して決めましょう。

なお、厚生労働省「令和3年度 厚生年金保険・国民年金事業の概況」によると、繰り上げ受給を選んだ割合は**11・2%**、繰り下げ受給を選んだ割合は**1・8%**。個人事業主やフリーランスなどの「国民年金（老齢基礎年金）のみ」に絞ると、繰り上げ受給27・0%、繰り下げ受給1・8%となっています。

POINT

- 60歳で繰り上げ受給すると、生涯24%減額された年金を受け取る
- 75歳で繰り下げ受給すると、生涯84%増額された年金を受け取る

繰り上げのデメリット

受給率＝100%－0.4%×繰り上げ期間（月単位）

年金額の減少が一生続く

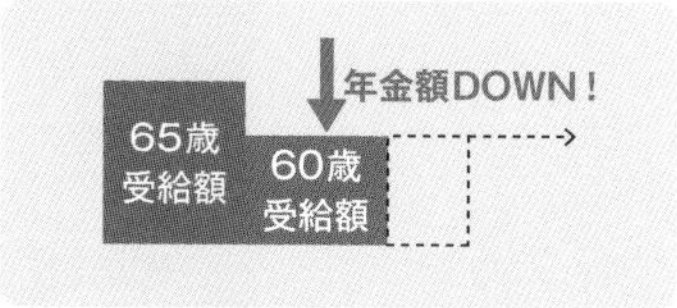

繰り上げ受給は国民年金・厚生年金がセット

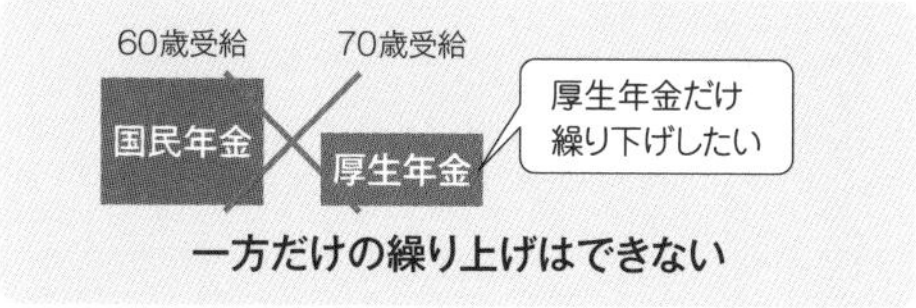

国民年金の追納・任意加入不可

障害基礎年金の受け取り不可

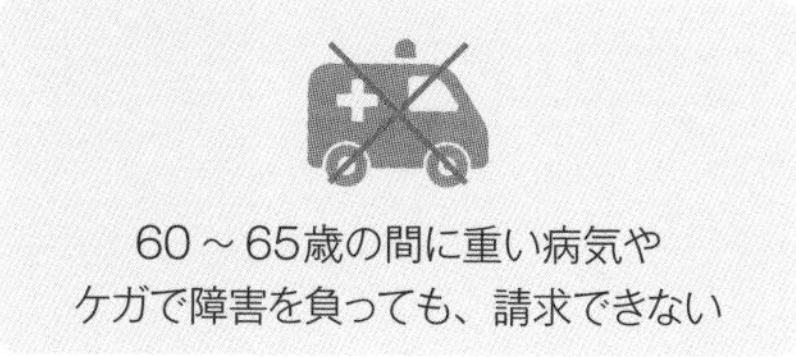

寡婦年金の受け取り不可

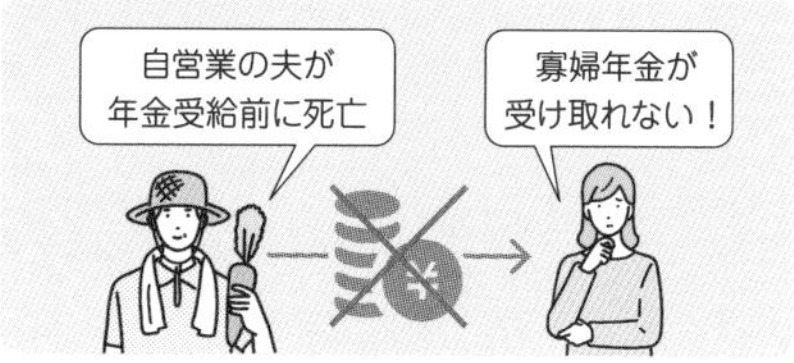

繰り下げのデメリット

受給率＝100%＋0.7%×繰り下げ期間（月単位）

税金・社会保険料が増える

年金の損益分岐点は「手取りベース」で考える

年金の繰り上げ受給・繰り下げ受給の受給率は生涯続くため、何歳まで生きるかで年金の「損益分岐点」が変わります。年金からは、**税金・社会保険料が天引きされる**ので、損益分岐点も手取りベースで考えましょう。

年金の繰り下げ受給の**目安は68歳**。寿命が84歳~86歳のときに手取りがもっとも多くなります。ただ、平均寿命も延びるため、68歳以降も働けるならば働いて**年金を繰り下げ、仕事を辞めてから受け取る**のもひとつの手です。

80歳から100歳まで生きた場合の一番年金受け取り総額が多い開始年齢

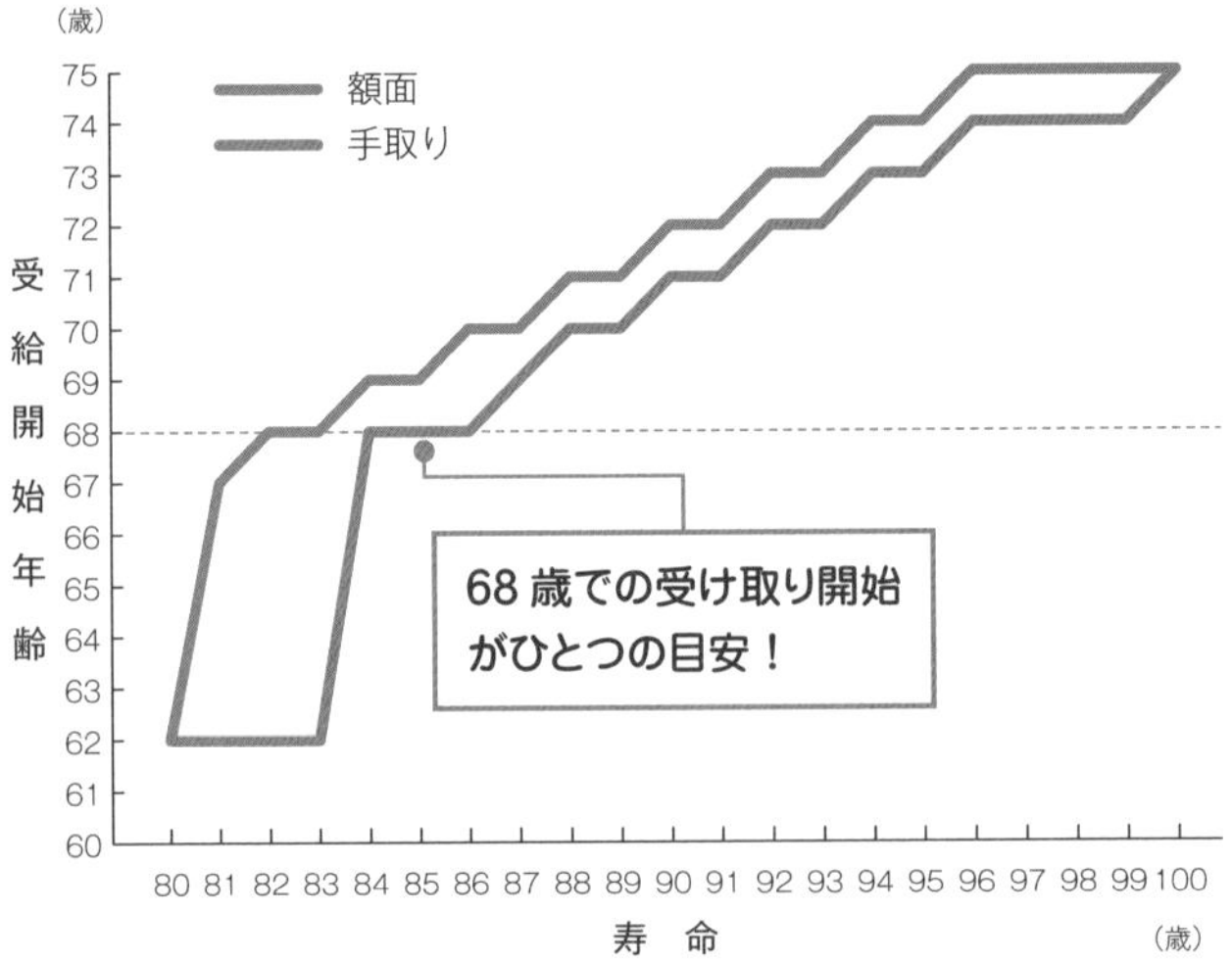

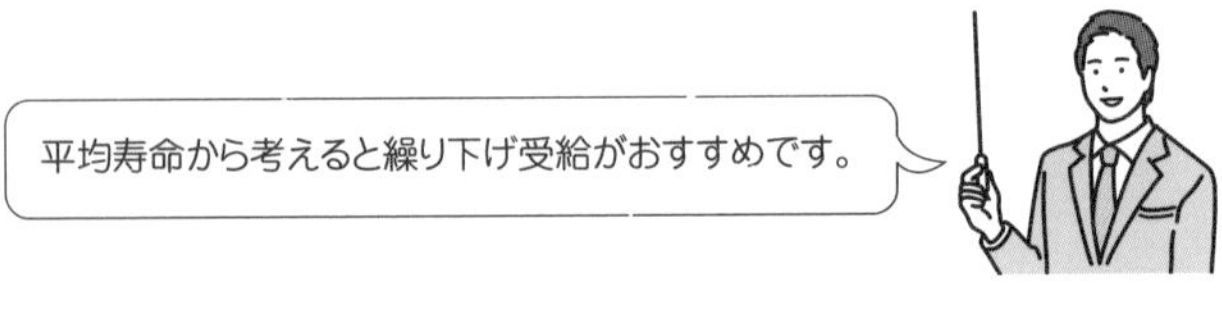

長生きすればするほど、繰り下げ受給がおトク

例

東京都在住、独身、扶養家族なし
65歳受給の年金額面180万円（月15万円）
年金以外の収入なし
所得控除は基礎控除と社会保険料のみ

手取り額は所得や年齢、家族構成、住まいによって異なる！

82歳2か月未満で亡くなる場合は、65歳からの受給と比べて、60歳から受給すると得をする

（単位：万円）

	年齢（歳）	受給率	年金額面（65歳180万円）	額面ベース損益分岐点（65歳と比較）	手取りベース損益分岐点（65歳と比較）
繰り上げ受給	60	76.0%	136.8	80歳10か月	82歳2か月
繰り上げ受給	61	80.8%	145.4	81歳10か月	84歳3か月
繰り上げ受給	62	85.6%	154.1	82歳10か月	87歳4か月
繰り上げ受給	63	90.4%	162.7	83歳10か月	85歳1か月
繰り上げ受給	64	95.2%	171.4	84歳10か月	87歳4か月
	65	100.0%	180.0	―	―
繰り下げ受給	66	108.4%	195.1	77歳11か月	79歳11か月
繰り下げ受給	67	116.8%	210.2	78歳11か月	80歳11か月
繰り下げ受給	68	125.2%	225.4	79歳11か月	81歳11か月
繰り下げ受給	69	133.6%	240.5	80歳11か月	83歳2か月
繰り下げ受給	70	142.0%	255.6	81歳11か月	84歳1か月
繰り下げ受給	71	150.4%	270.7	82歳11か月	85歳1か月
繰り下げ受給	72	158.8%	285.8	83歳11か月	86歳1か月
繰り下げ受給	73	167.2%	301.0	84歳11か月	87歳
繰り下げ受給	74	175.6%	316.1	85歳11か月	88歳
繰り下げ受給	75	184.0%	331.2	86歳11か月	89歳2か月

84歳1か月以上生きた場合は、65歳からの受給と比べて、70歳から受給すると得をする

「加給年金」が加算されると、年間約40万円もプラス！

加給年金とは、厚生年金に20年以上加入している人が65歳以上になって老齢厚生年金を受け取る場合に、**65歳未満の配偶者や18歳の年度末を迎えるまでの子を扶養している**ときに支給される年金です。加給年金の対象者は左図のとおりですが、該当者にはハガキが届きますので、見逃さないようにしましょう。

ただし、老齢厚生年金の繰り下げをしている間は、加給年金を受け取れません。そのため、夫婦の年齢差によって繰り下げと加給年金のどちらが有利になるかが変わります。ひとつの**目安は「5歳差」**。妻より5歳年上の夫が65歳から加給年金をもらわずに、厚生年金を70歳まで繰り下げた場合、「増額した老齢厚生年金」＞「加給年金の金額」となる年齢は86歳～87歳と、65歳男性の平均余命（約85歳）を少し超えたところになります。

したがって、**夫婦の年齢差が5歳超ならば加給年金を選び**、**5歳以下ならば自身の厚生年金を繰り下げ**したほうが、もらえる年金の総額が多くなる可能性が高いでしょう。

POINT

- 「年下の配偶者」を扶養している場合、加給年金がもらえる
- 対象者には「生計維持確認届」がハガキで届く

加給年金と振替加算のイメージ

対象者	加給年金額	年齢制限
配偶者	22万8,700円＋特別加算（1943年4月2日以降生まれの場合16万8,800円） 合計**39万7,500**円	**65**歳未満
1人目・2人目の子	1人につき 22万8,700円	**18**歳到達年度の末日までの間の子または1級・2級の障害の状態にある20歳未満の子
3人目以降の子	1人につき 7万6,200円	

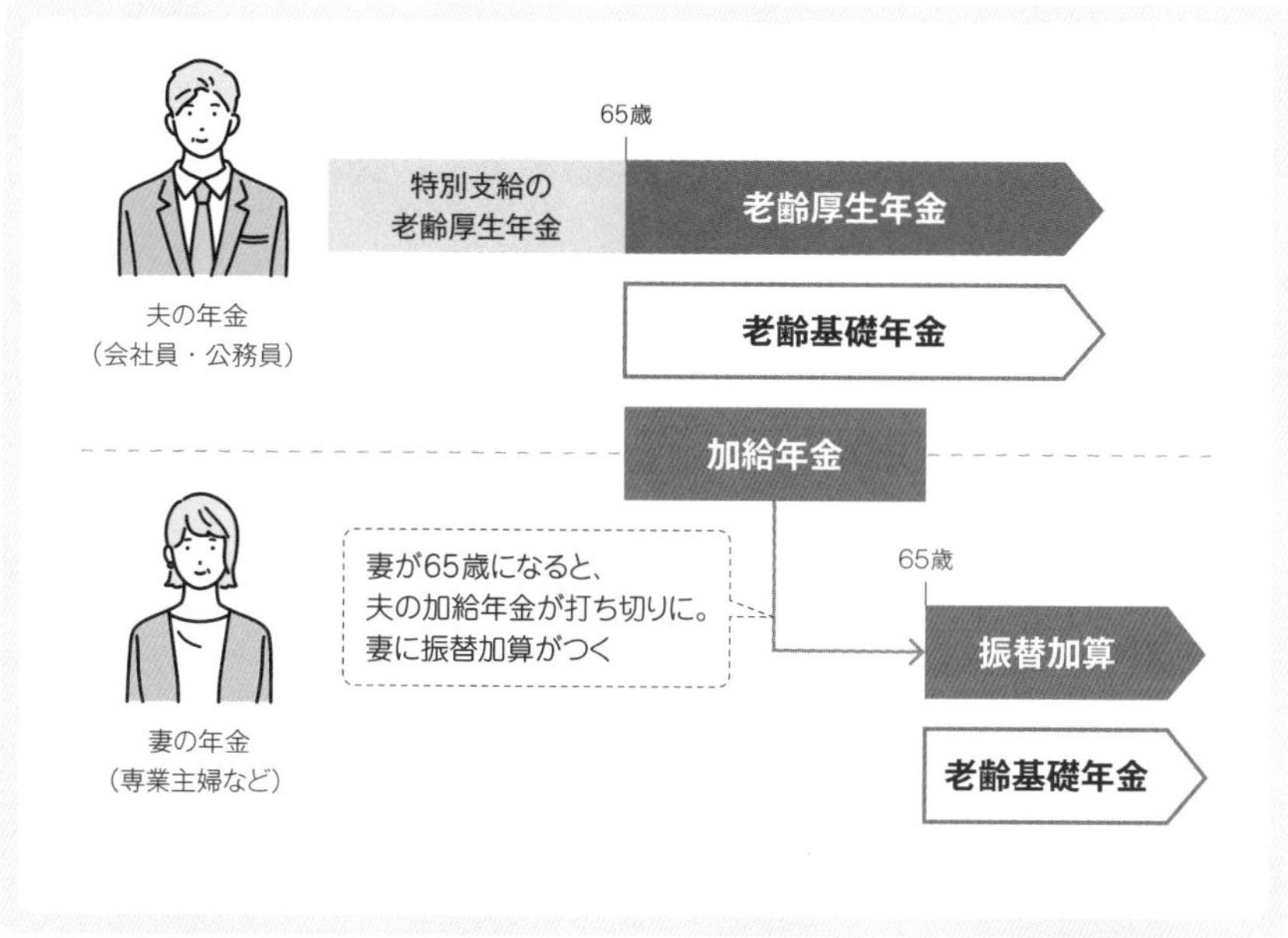

夫婦の年齢差が5歳超なら、加給年金を選択！
5歳以下なら、扶養している人の老齢厚生年金を
繰り下げましょう。

働きながら年金をもらうと、年金額が減ることが！

60歳以降も厚生年金に加入しながら働く場合、同時に厚生年金をもらえます。この年金を**在職老齢年金**と呼びます。

ただ、在職老齢年金は、60歳以降の**年金額（月額）と給与の合計が48万円を超えると、年金の一部がカット**されます。たとえば、65歳の人が月10万円の年金と42万円の給与をもらった場合は、月2万円カットされてしまう計算に。年金額は月8万円になってしまいます。

しかも、在職老齢年金をもらわずに繰り下げたとしても、在職老齢年金によって支給停止されるはずの部分は**増額の対象外**です。この例の場合、繰り下げ受給の対象になる年金額は「10万円」ではなく「8万円」になってしまいます。

たとえば、70歳まで繰り下げ受給した場合（受給率１４２％）、毎月の年金の受給額は「10万円×１４２％＝14万２０００円」ではなく「**10万円＋8万円×42％＝13万３６００円**」にしか増えない点に注意が必要です。

なお、年金額を減らさずに済む働き方もあります（95ページで解説）。

POINT

- 老齢厚生年金と賃金の合計が多いほど、支給停止額が多くなる
- 支給停止になった分は増額の対象外

収入が一定額を超えると年金が支給停止になることがある

月収　毎月の標準報酬額＋直近1年間の合計÷12

年金月額　加給年金額を除いた年金額（年額）÷12

月収＋**年金月額**

＝ **48万円以下**なら**全額支給**

＝ **48万円を超える**と**一部**または**全額停止！**

受け取れる金額は**年金月額ー（月収＋年金月額ー48万円）÷2**で算出

在職老齢年金で支給停止された金額は繰り下げ時の「増額」対象外に！

● 70歳まで受給を繰り下げた場合

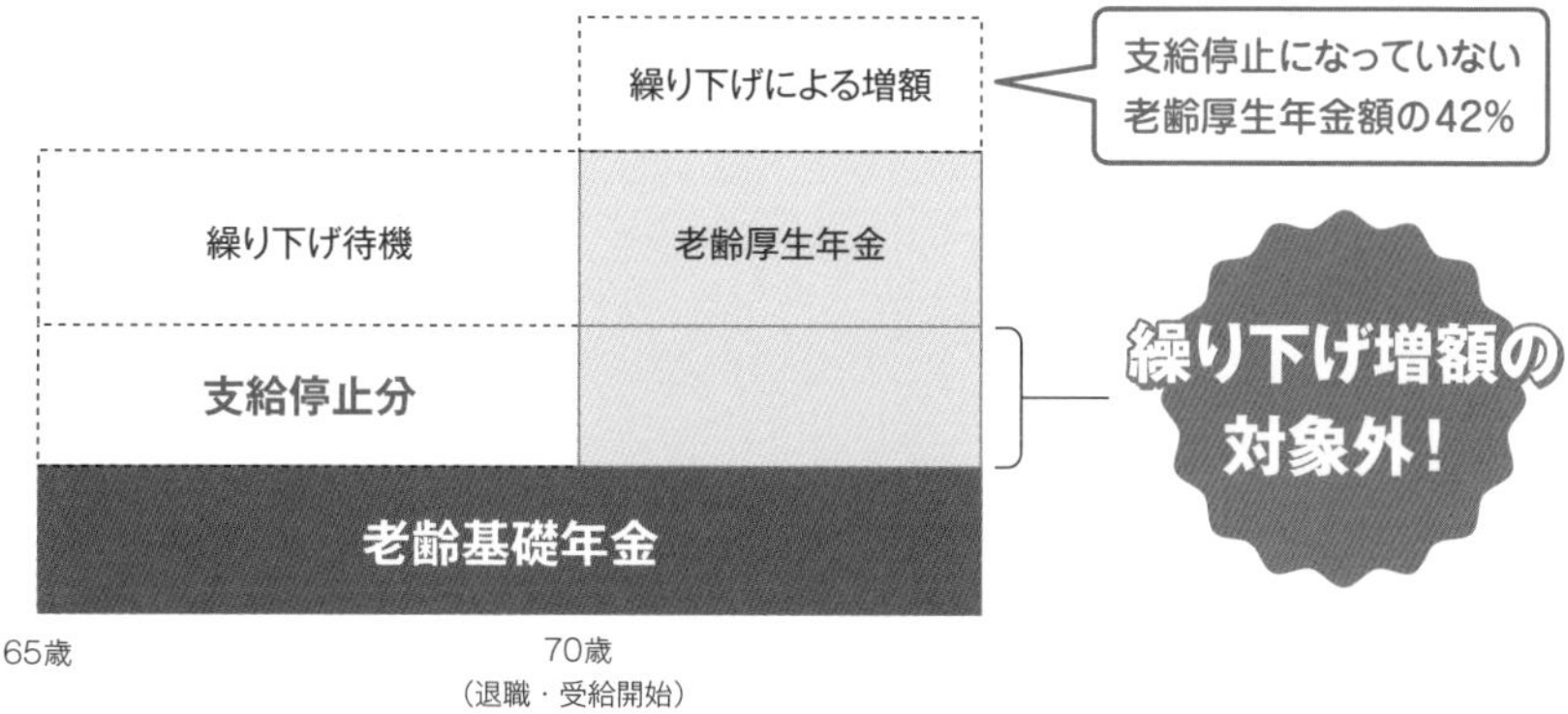

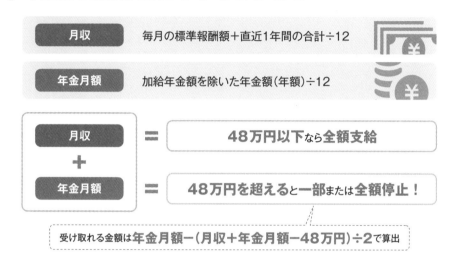

老齢年金の請求手続き、これだけ知っていれば大丈夫

年金は60歳から75歳までの間でいつ受け取りを開始するかを自分で決めるしくみです。65歳から勝手に受給が始まるものではありません。年金は「**申請主義**」といって、自分で申請しないともらえません。繰り上げ受給も繰り下げ受給も同様で、受給したいときに受給の申請を行います。

65歳になる3か月前に、日本年金機構から「**年金請求書**」や「**老齢年金のお知らせ**」などの書類が自宅に届きます。65歳から受け取るならば、年金請求書に必要事項を記載し、必要書類を添付して提出します。しかし、繰り下げ受給をしたい場合には、**65歳時点では何もしなくてOK**です。受給を始めたいときに手続きを行います。反対に繰り上げ受給したい場合には、手元に年金請求書などの書類がないので、年金事務所などでもらってくる必要があります。

手続きが完了すると、年金証書や年金決定通知書が届きます。その後、**偶数月の15日に2か月分の年金**が指定した金融機関の口座に振り込まれます。

POINT

- 年金は、請求手続きをすることではじめて受け取れる
- 繰り下げ受給する場合は年金請求書を「提出しない」

年金をもらうための手続きの流れ

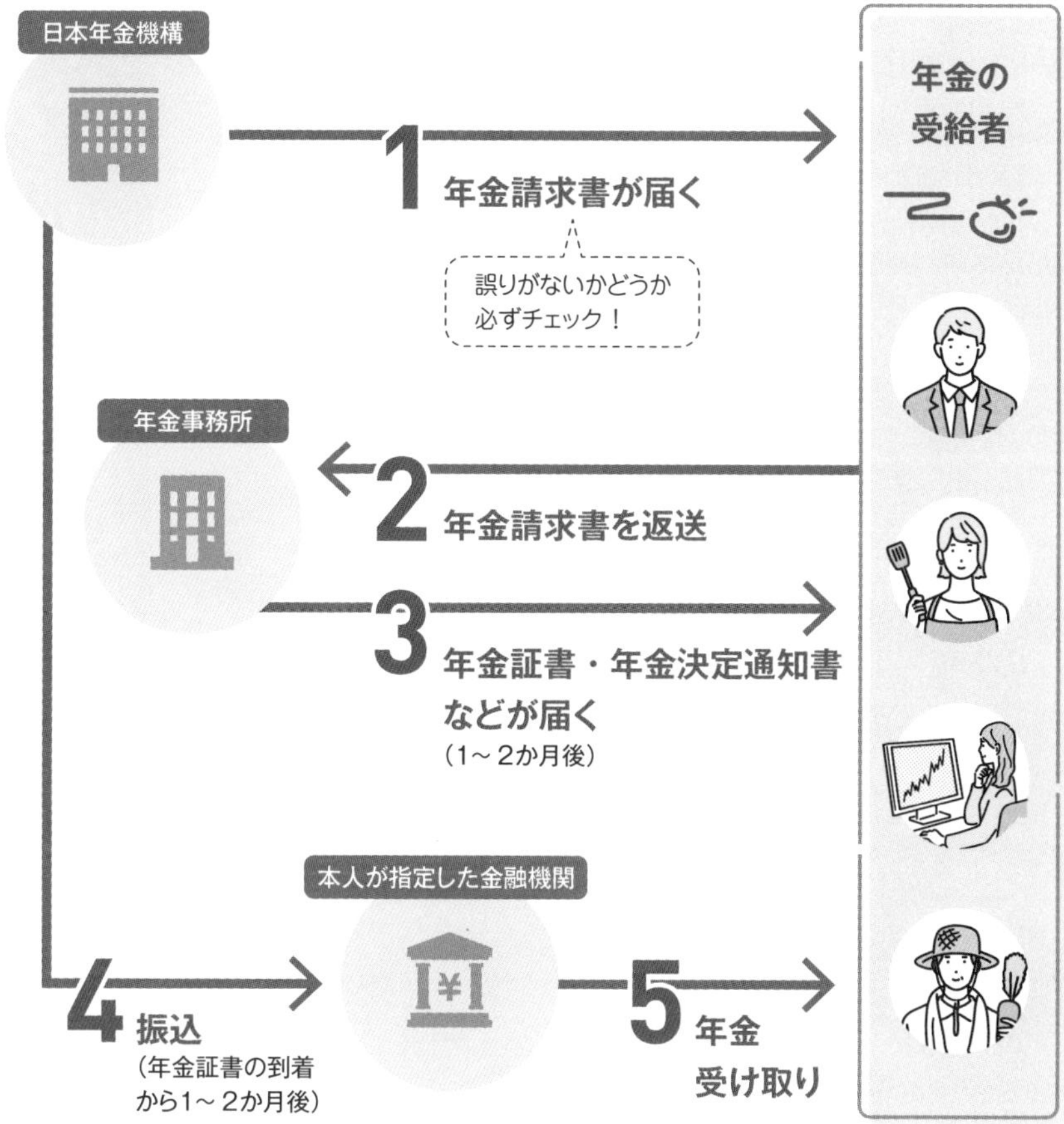

年金受け取り手続き時のポイント

・年金請求書は支給年齢に達すると、自動的に送られてくる
・必要書類を添付するが人によって異なる
（年金手帳、戸籍謄本　など）

提出した段階から年金の受給が始まる！
繰り下げを検討しているなら、提出不要！

離婚時の年金分割は、そんなに「おいしい話」ではない

定年を迎えた直後に離婚する「**定年離婚**」の割合が増えています。厚生労働省「人口動態統計月報年計」（2021年）によると、1985年時点の離婚総数に占める同居期間20年以上の方の離婚の割合は12・2％。しかし、2021年時点では**21・1％に増加**しています。もちろん、同居期間20年以上の人がすべて定年離婚とは限りませんが、長年連れ添った夫婦でも、離婚する可能性はあるのです。

離婚するときには、夫婦の資産を分配する財産分与を行います。**厚生年金の記録も財産分与の対象**になり、夫婦で分け合うことができます。

厚生労働省「令和3年度 厚生年金保険・国民年金事業の概況」によると、年金分割を受ける側の年金額の月額平均（国民年金を含む）は、分割前が5万4281円、分割後が8万5394円ですので、**3・1万円**ほど増えています。ただし、年金分割で分けられる年金は厚生年金のうち婚姻期間中に保険料を支払った部分のみ。婚姻期間外の厚生年金や、国民年金は分割できません。

POINT

- 婚姻期間中の厚生年金の記録も財産分与の対象になる
- 年金分割には、合意分割と3号分割の2種類がある

離婚時には老齢厚生年金のみ分割できる

申請期限に注意！
年金分割の方法は2種類あるが、両方2年以内の申請がマスト！
両制度の併用も可能

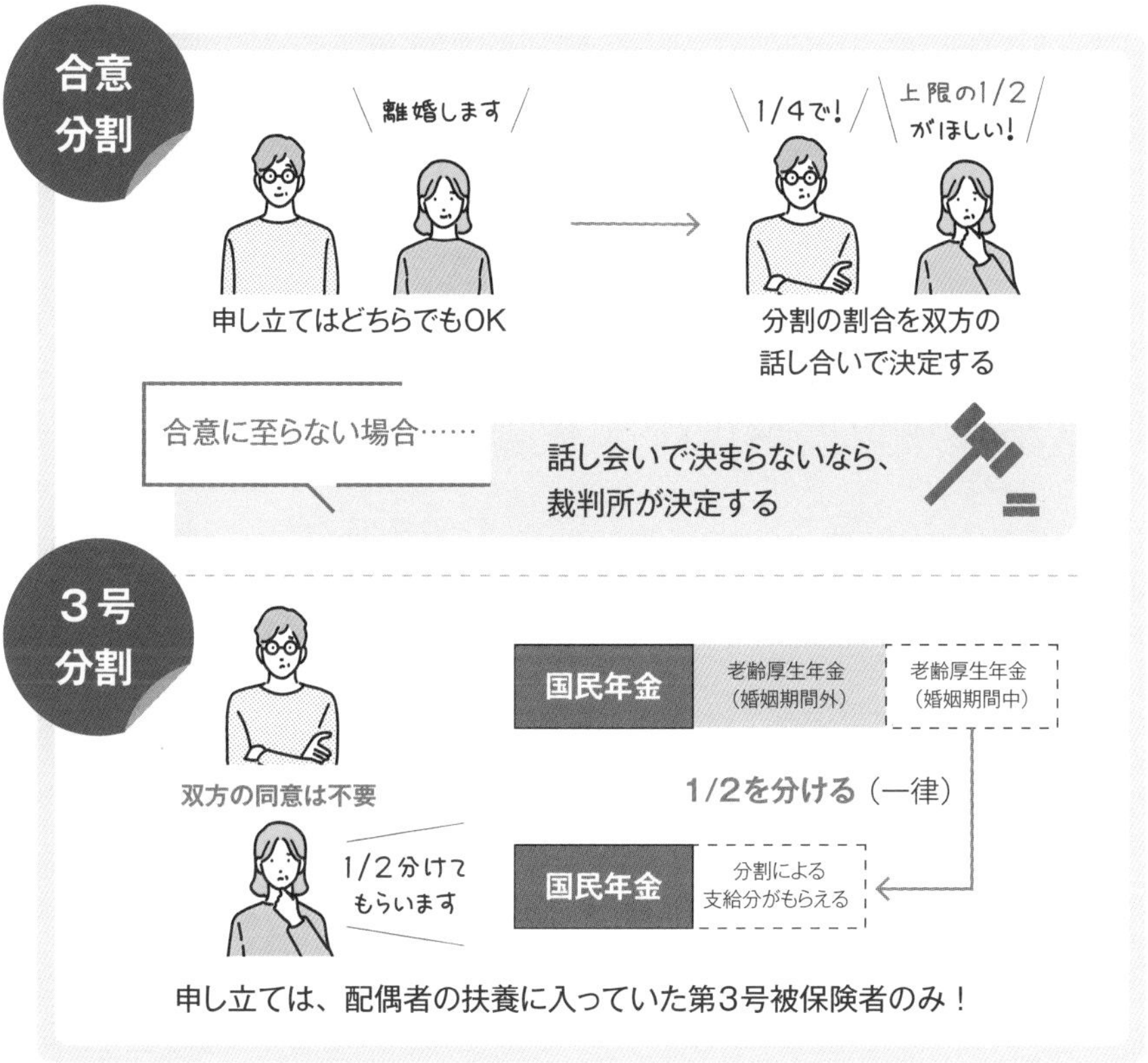
合意分割
離婚します
1/4で！
上限の1/2がほしい！
申し立てはどちらでもOK
分割の割合を双方の話し合いで決定する
合意に至らない場合……
話し会いで決まらないなら、裁判所が決定する
3号分割
双方の同意は不要
国民年金
老齢厚生年金（婚姻期間外）
老齢厚生年金（婚姻期間中）
1/2を分ける（一律）
1/2分けてもらいます
国民年金
分割による支給分がもらえる
申し立ては、配偶者の扶養に入っていた第3号被保険者のみ！

3号分割は2008年以降のもののみが対象！

3号分割の対象は、制度が始まった2008年4月以降のもののみ！
2008年より前から婚姻関係があるなら、損をすることも。

夫が先に亡くなったら、妻の年金はどうなるのか？

夫が先に亡くなった場合に妻がもらえる**遺族厚生年金**は、夫の老齢厚生年金の4分の3で、妻の老齢厚生年金との差額分のみ。老齢基礎年金は遺族厚生年金の金額に影響されないので、妻は**老齢基礎年金だけ繰り下げ**ましょう。

一方、妻が先に亡くなり、妻の遺族年金の受給権を夫が得た場合、妻の遺族厚生年金がたとえ0円だったとしても、**夫は年金の繰り下げができなくなります**。以後は繰り下げ待機しても年金額は増えません。

遺族基礎年金と遺族厚生年金の違い

子どもがいないと
もらえない!
18歳未満の子どもがいるなら、
遺族基礎年金も受け取れる

	遺族基礎年金	遺族厚生年金
亡くなった人の種別	第1号被保険者（自営業）	第2号被保険者（公務員・会社員）
対象となる遺族	・18歳未満の子がいる配偶者 ・18歳未満の子	優先順位 ①子のある妻、子のある55歳以上の夫、子 ②子のない妻、子のない55歳以上の夫 ③55歳以上の父母 ④孫 ⑤55歳以上の祖父母
支給期間	子が18歳になる年度末まで	・30歳以上の妻は一生涯もらえる ・子や孫は18歳になる年度末まで ・55歳以上の夫や父母は、60歳から一生涯

遺族年金のもらい方のコツ

妻が専業主婦なら妻の老齢基礎年金のみ繰り下げを！

・夫・・・会社員（平均年収500万円・厚生年金40年加入）
・妻・・・専業主婦（厚生年金なし）

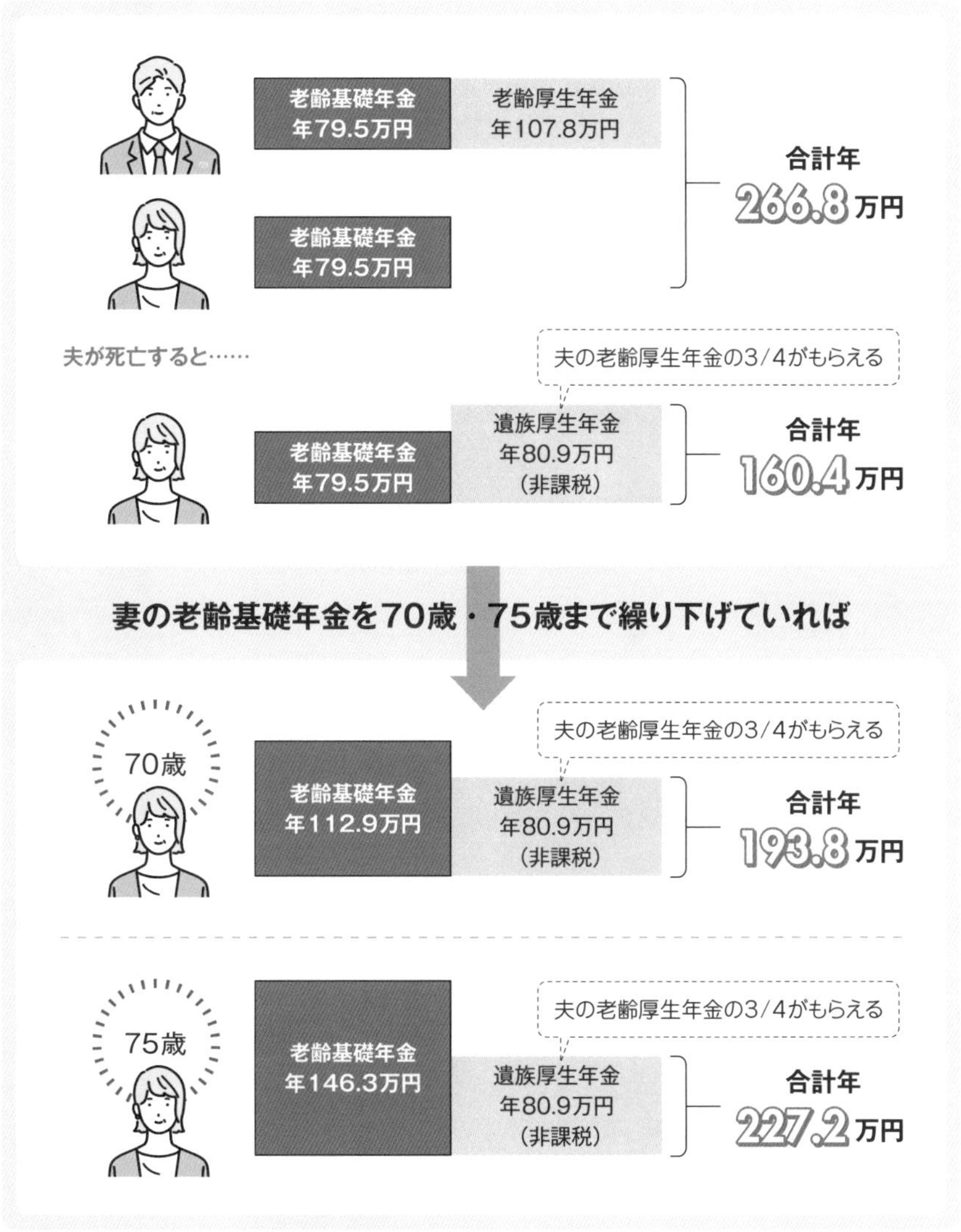

収入が年金のみの人でも確定申告が必要かどうか必ず確認しよう！

年金には「**確定申告不要制度**」があり、「公的年金等の収入金額（2か所以上ある場合は合計額）が400万円以下」「公的年金等に係る雑所得以外の所得が20万円以下」の場合には確定申告をしなくてもよくなっています。しかし、年の途中で退職し、年末までに再就職しない人は**確定申告をしないと、納めすぎた所得税を取り戻せません**。

また、各種控除を利用して税額を減らしたい場合も、確定申告が必要です。左図のチェックに当てはまる場合は、確定申告をしましょう。

確定申告がいる人・いらない人

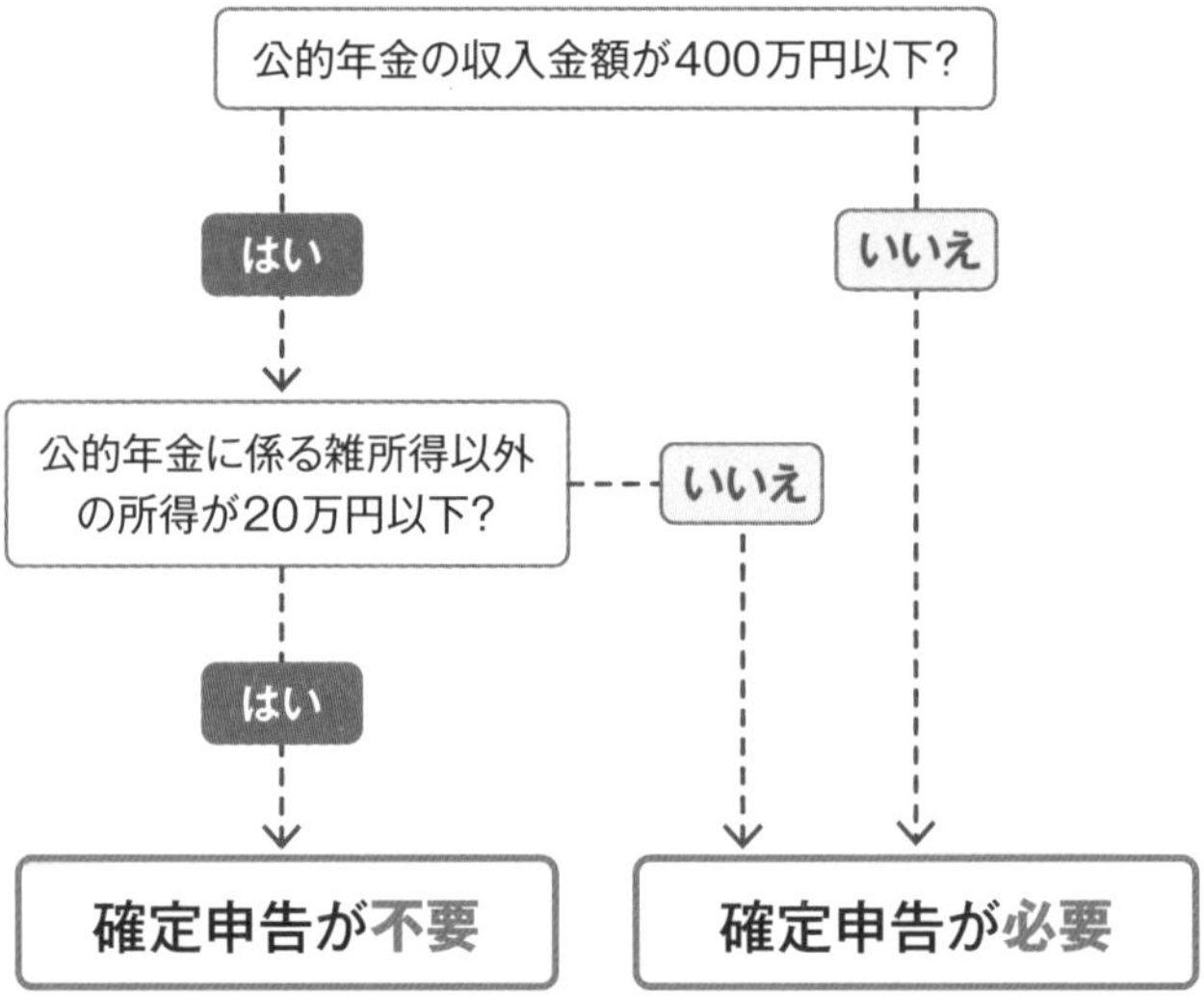
公的年金の収入金額が400万円以下?
はい
いいえ
公的年金に係る雑所得以外の所得が20万円以下?
いいえ
はい
確定申告が不要
確定申告が必要

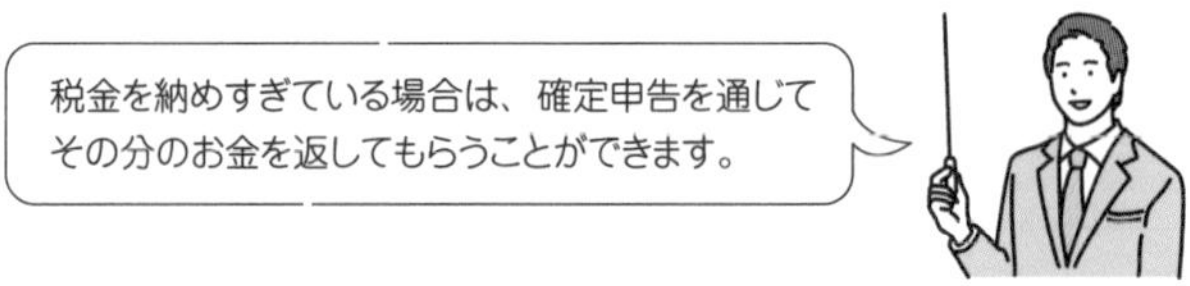
税金を納めすぎている場合は、確定申告を通じてその分のお金を返してもらうことができます。

確定申告チェックリスト

種類		例	その他情報
退職関連	所得の申告	年の途中で退職し、12月31日時点で就職していない	年末調整をしていない場合は、所得の申告が必要
	退職所得控除	退職金を受け取ったが会社に「退職所得の受給に関する申告書」を提出していない	勤務日数に応じて退職所得控除が異なる ●勤続年数20年以下 40万円×勤続年数（80万未満は80万円） ●勤続年数20年超 800万円+70万円×（勤続年数－20年）
医療費関連	医療費控除	医療機関や薬局の窓口で支払った医療費の額が1年間で一定額を超えた	支払った金額から入院給付金などを差し引いた額が10万円を超えた部分
	セルフメディケーション税制	スイッチOTC医薬品の購入額が1年間で一定額を超えた	スイッチOTC医薬品の購入費の合計が1万2,000円を超えた部分 ※医療費控除との併用不可
寄付関連	寄付金特別控除	公益社団法人、認定NPO法人、政党などに寄付した	（年間の寄付金額－2,000円）×30～40% ※%は寄付先の団体による
	寄付金控除	ふるさと納税や被災地への寄付	（年間の寄付金額－2,000円）＝控除額
投資	株式の譲渡損と配当金を損益通算	NISAやiDeCo以外の口座で保有している株式・投資信託で損をした	損失をそのほか売却して利益が出た株式・投資信託と損益が通算できる ※損失は翌3年間繰り越せる
住宅関連	住宅ローン控除	住宅ローンを利用してマイホームを取得、またはリフォームした場合、一定の要件を満たせば一定額が所得控除される	年間で最大40万円の控除を最長10年間（消費税10%で住宅を購入するなど条件を満たした場合には最長13年間）受けられる
	投資型減税	長期優良住宅や低炭素住宅といった認定住宅を新築。または新築後使用されていない認定住宅を取得した	性能強化費用として支出した額の約10%分が所得税から控除される ※住宅ローン控除との併用不可
災害・盗難	雑損控除	災害・盗難などによって「雑損控除の対象になる資産の要件」に当てはまる資産が損害を受けた	①（損害金額+災害等関連支出の金額-保険金等の額）－（総所得金額等）×10% ②（災害関連支出の金額－保険金等の額）－5万円 のいずれか多いほう
保険	生命保険料控除	1年間に支払った生命保険料のうち一定額を所得控除できる	新契約（2012年1月1日以降に契約した保険が対象）と旧契約（2011年12月31日以前に契約したものが対象）によって控除できる金額が異なる
	地震保険料控除	1年間に支払った地震保険料のうちの一定額を所得控除できる	所得税では最大5万円、住民税では最大2.5万円を課税所得から差し引くことができる

※2023年度の情報に基づく

COLUMN

在職定時改定で年金額を増やす

2022年4月に新設された在職定時改定により、65歳以上70歳までの在職中の老齢厚生年金受給者について、老齢厚生年金額が毎年10月に改定されるようになりました。

これまでは、65歳以上で支払った保険料が厚生年金額に反映されるのは会社を退職したあとからでした。つまり、働いて**年金保険料を納めた分だけ年金額をすぐに増やす**ことができるようになったのです。

たとえば、65歳以降に標準報酬月額20万円で、厚生年金に加入して1年間就労した場合、年間で年金額が1万3,000円程度増えることになります。月ごとでは、約1,080円増加する計算です。

毎年10月に年金が増える！

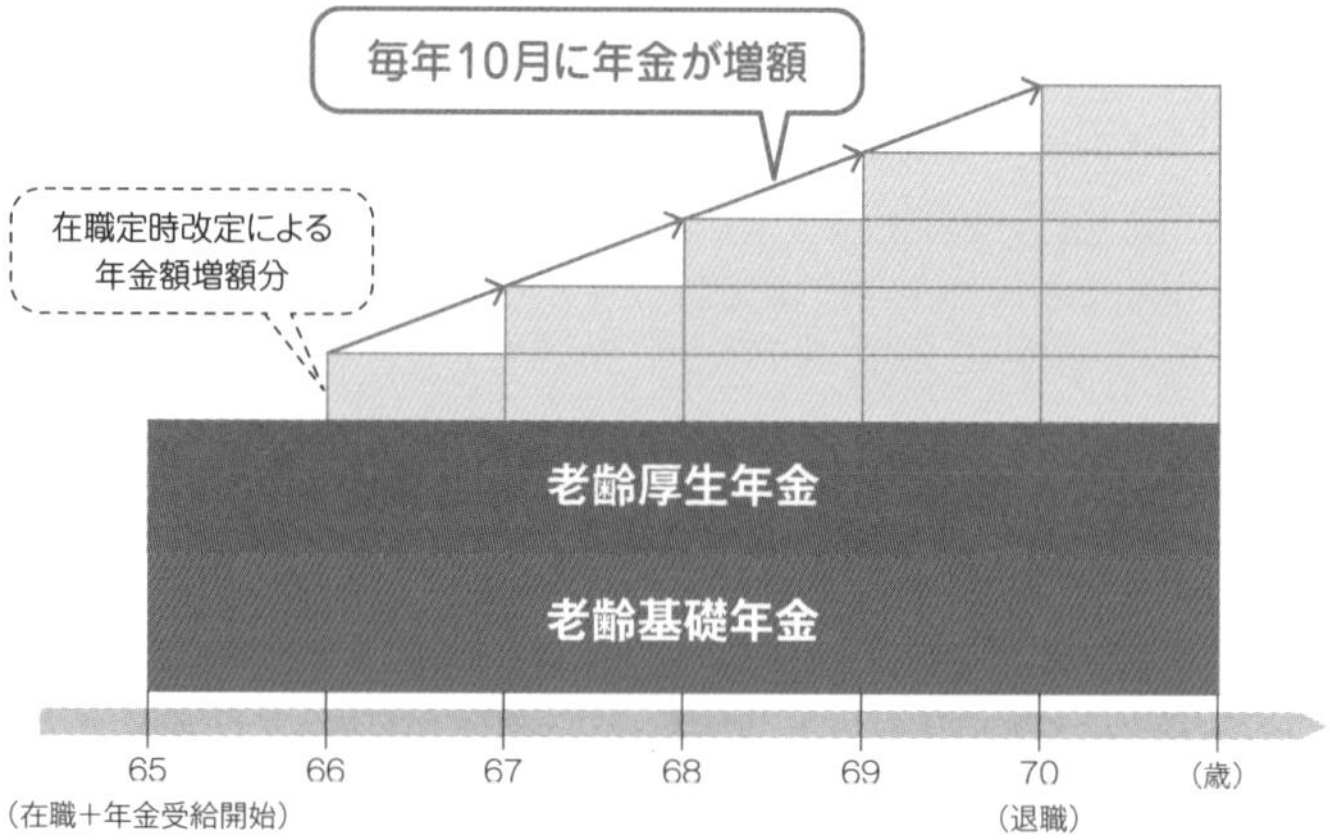

標準報酬月額20万円で1年間就労する場合

年間約1万3,000円増える

Chapter
3

知らないと大損する「老後の支出」

定年後にかかる「生活費」を試算してみる

総務省統計局「家計調査」（2022年）によると、65歳以上の夫婦無職世帯の実収入の平均額は24万6237円、支出の合計（消費支出＋非消費支出）は26万8508円ですから、**毎月の不足額はおよそ2・2万円**。高齢単身無職世帯の実収入は13万4915円、支出の合計は15万5495円ですから、毎月の不足額は**約2万円**です。この不足が30年続くとしたら、**夫婦世帯で約792万円、単身世帯で約720万円足りない**計算になります。

老後に必要なのは、生活費だけではありません。家計調査の住居費は持ち家が前提で、住宅ローンを返済している人の返済額も含まれていません。賃貸住まいの人や住宅ローン返済中の人は、これ以上にお金がかかります。そのうえ、医療費や介護費といった、もしものときのお金も含まれていません。もしものお金は、**1人500万円を見込んでおきたい**ところです。定年後の生活費だけでなく、こうした費用についても考えておく必要があるのです。

POINT

- 必要なのは、日常生活費、一時的な出費、医療費や介護費
- 年間支出から年間収入を引いた金額が、年間で足りない生活費

65歳以上の夫婦無職世帯の家計収支（2022年）

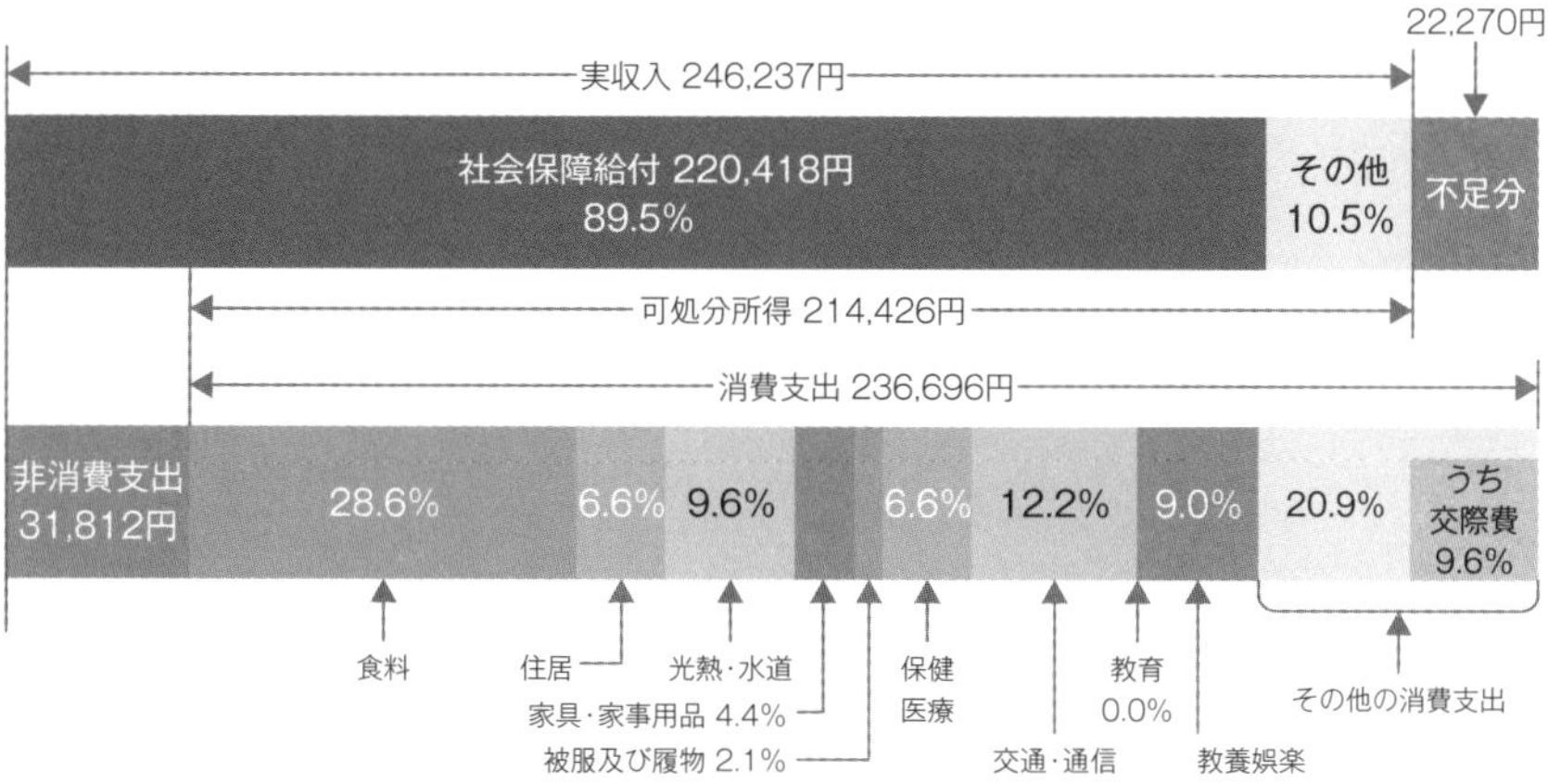

2.2万円×12か月×30年＝約792万円必要

65歳以上の単身無職世帯の家計収支（2022年）

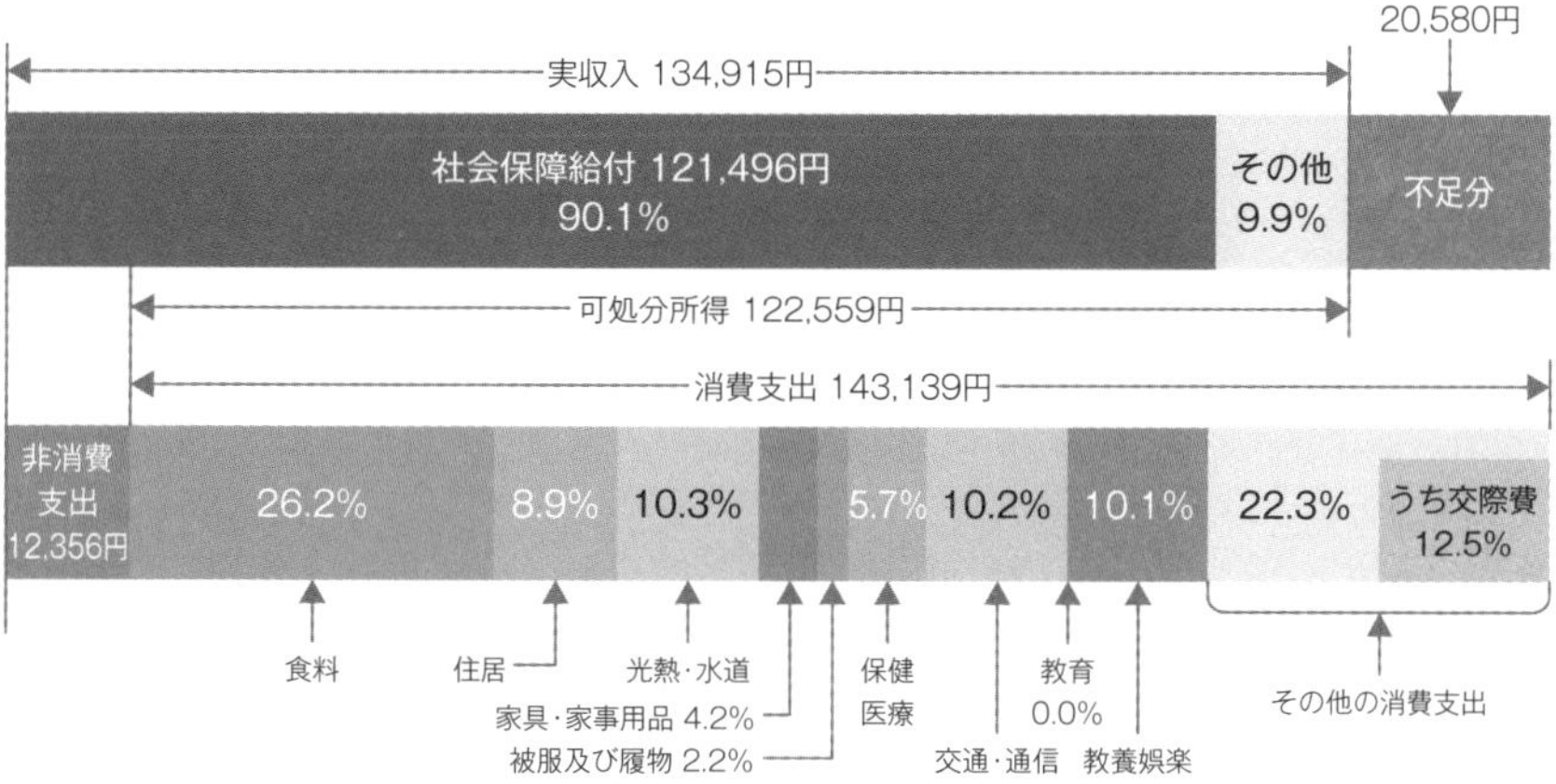

2.0万円×12か月×30年＝約720万円必要

出所：総務省「2022 年度　家計調査報告」より

「資産と負債」のバランスシートを作ろう

バランスシートとは、資産・負債・純資産を調べ、**資産と負債のバランスをチェックする**ためのものです。

今の資産・負債・純資産の金額・比率を調べ、夫婦や家族で共有しましょう。理想は**純資産が50%以上あること**です。

いくら資産が多くても、負債も多くて純資産が少ないと、手元に残るお金は少なくなります。さらに純資産がマイナスの債務超過状態、純資産が年々減る状態だとお金は貯まらないので、早急に対策が必要です。

そもそも資産・負債ってどうやって計算すればいい？

主な資産の算出方法

貯蓄型の保険
解約した場合のお金
（解約返戻金）

債券・株式・投資信託
現時点の金額
（評価額）

住宅
売却した場合の金額
（市場価値）

車
売却した場合の金額
（市場価値）

宝飾品
売却した場合の金額
（市場価値）

住宅・車・宝飾品は同様の条件のものがいくらかウェブサイトなどでチェック！

主な負債の算出方法

住宅ローン・自動車ローン・カードローン　など
現在残っているローン残高で計算。
教育ローンや奨学金などがある場合は、それも負債の一部として計上する

自分の純資産が50%になるバランスシートを考える

（資産）お金かお金に交換できるもの

（負債）これから支払う予定があるお金

資産		負債	
現金	万円	住宅ローン	万円
普通預金	万円	自動車ローン	万円
定期預金	万円	カードローン	万円
貯蓄型保険	万円	その他	万円
株式	万円	②負債合計	万円
債券	万円	純資産（①ー②） 個人の純粋な資産	
投資信託	万円		
その他投資	万円		
住宅	万円		
車	万円		
その他資産	万円		
①資産合計	万円		万円

¥
理想の比率は
純資産が
50%以上！

純資産が 50%未満の人が
すぐに負債を減らすことは難しいので、
５章を参考に運用をして資産を増やそう！

病気と介護にかかるお金を試算しておこう

厚生労働省によると、**一人あたりの生涯医療費はおよそ2700万円**。そのうち約50%は70歳未満、もう50%は70歳以上でかかっています。つまり、70歳以上の医療費は約1350万円だとわかります。また、生命保険文化センターによると、介護費用の平均は一時費用74万円、毎月8・3万円となっています。平均的な介護期間（5年1か月）で考えると、合計約**580万円かかる**計算になります。

もっとも、公的な健康保険や介護保険があるため、実際にはこの医療費・介護費の1~3割の負担で済みます。さらに、毎月の費用負担が自己負担の上限を超えた場合は「**高額療養費制度**」「**高額介護（予防）サービス費**」などの制度によって超えた分が戻ってきます。公的保険は意外と充実しているのです。

1~3割の負担分を貯蓄で用意すれば、**民間の医療保険や介護保険に加入しなくても問題ありません**。これまで保険に加入していた人がすぐにやめる必要はありませんが、少なくともこれから急いで加入する必要はありません。

POINT

- 70歳以上の医療費は約1,350万円
- 実際にはかかった医療費の1 ～ 3割の負担で済む

生涯かかる医療費はいくら？

生涯医療費（男女計）

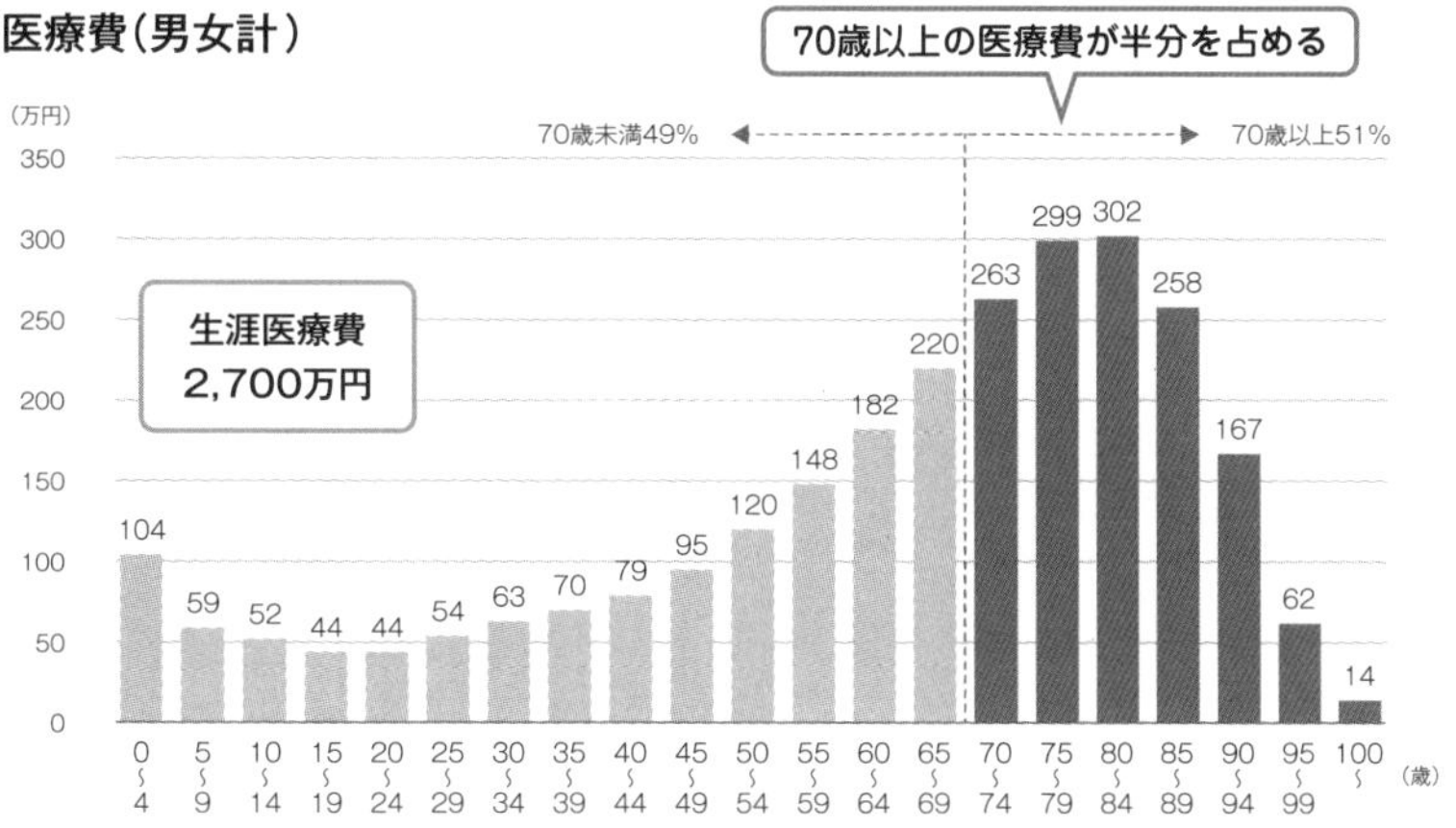

出所：厚生労働省「医療保険に関する基礎資料（令和2年度）」年次報告より

生涯かかる介護費っていくら？

一時的な費用の合計

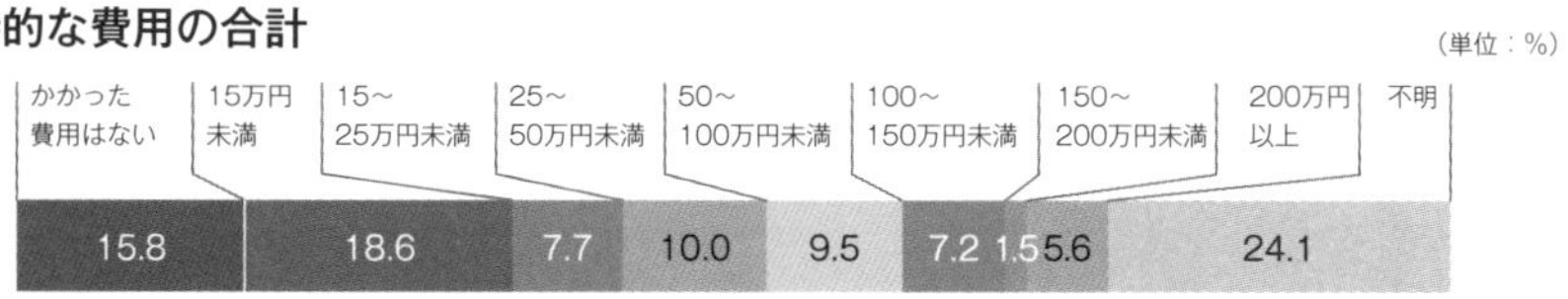

一時的な費用の平均＝約74万円必要

月々の費用

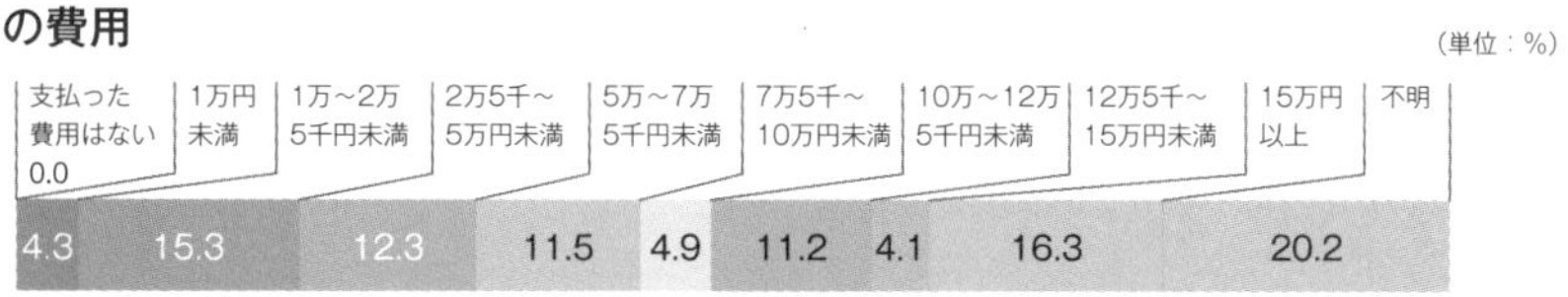

※それぞれ「かかった費用はない」「支払った費用はない」を0円として平均を算出。

月々の費用の平均＝約8.3万円必要

出所：公益社団法人生命保険文化センター「介護にはどれくらいの費用・期間がかかる？」より

医療費・介護費合わせて1人あたり500万円かかる！

退職後の健康保険、1年目は「任意継続」を選ぶのがベスト

会社を定年退職すると、会社の健康保険から脱退し、新たに健康保険に加入します。健康保険には、大きく**4つの選択肢**があります。それぞれ、手続き先や加入条件、加入できる期間、そして保険料に違いがあります。

定年後、再雇用・再就職する場合には、勤め先の健康保険に加入します。また、健康保険に加入している家族が生計を維持しているならば、その家族に扶養してもらう（被扶養者になる）ことで、健康保険に加入できます。家族の保険に加入できれば、保険料の負担はなくなります。

これらの条件を満たさない場合は「任意継続」か「国民健康保険」となります。おすすめは、1年目は任意継続をすることです。国民健康保険の保険料は前年の所得で決まるため、1年目は保険料が高くなりがちだからです。一方、1年目の所得が大きく減った場合、**2年目は国民健康保険を選んだほうが保険料を減らせる**可能性があります。お住まいの自治体で保険料を比較して選びましょう。

POINT

- 任意継続は退職する前の会社の健康保険に引き続き加入できる制度
- すぐに国民健康保険に加入すると、保険料が高くなりがち

4つの選択肢の違いを理解しよう

	①再雇用·再就職先の健康保険に加入する	②家族の健康保険に入る
手続き先	再雇用・再就職した会社 （入社日から5日以内）	家族が勤めている会社 （退職日から5日以内）
加入条件	・所定労働時間・所定労働日数が常時雇用者の3/4以上 または ・週の所定労働時間が20時間以上 ・雇用期間が2か月超見込まれる ・賃金の月額が8万8,000円以上	・年収180万円未満（60歳以上） ・年収130万円未満（60歳未満） かつ家族の年収の1/2未満
加入できる期間	退職まで	74歳まで
保険料の計算	標準報酬月額（40～64歳までの場合、介護保険料率が含まれる） 会社と折半して負担	被扶養者の保険料負担なし

	③任意継続する	④国民健康保険に加入する
手続き先	加入していた健康保険組合、または協会けんぽ（退職日の翌日から20日以内）	お住まいの自治体 （退職日の翌日から14日以内に手続き）
加入条件	・退職前に健康保険の被保険者期間が2か月以上あること	・国内に住所があること
加入できる期間	退職後2年間	74歳まで
保険料の計算	退職時の標準報酬月額（40～64歳までの場合、介護保険料率が含まれる） 全額自己負担	前年の所得をもとに、自治体ごとに計算

オススメ！

退職1年目は任意保険を継続

現役時代の給与が多かった人は
保険料が抑えられる＆扶養家族の
保険料負担が増えない！

2年目以降は任意継続にするか国民健康保険に切り替えるかを検討

70歳になると医療費の負担はどう変わる？

高齢になると、健康保険の制度も変わります。70歳からは一般の方の医療費負担の割合が**2割**に下がり、75歳からは自動的に**後期高齢者医療制度**に加入。後期高齢者医療制度では、一般の方の医療費負担の割合が**1割**になります。

また、介護保険も65歳からは「第1号被保険者」となり、各種介護サービスの対象となります。介護サービスを利用する際は、介護認定を受け、認定された介護度に合わせたケアプランを作成。このケアプランに基づき、介護サービスを受けることができます。

65歳以降の健康保険制度はどうなる？

75歳からすべての人が移行する

70歳　75歳

		70歳未満	75歳未満	75歳以上
加入先	継続雇用	会社の健康保険	会社の健康保険	後期高年齢者医療制度
	年金生活	（多くは）国民健康保険	（多くは）国民健康保険	
医療費の自己負担		3割	2割（所得によって3割）	1割（所得によって2割、3割）
保険料		加入している健康保険による		都道府県により異なる

自己負担の割合は収入によって異なります。詳しくはP74を参考にしてください。

介護保険の第1号被保険者と第2号被保険者の違い

	第１号被保険者	第２号被保険者
年齢	65歳以上	40 ~ 64歳まで
給付の対象	要介護・要支援となった人	要介護・要支援になった原因が「老化が原因の病気(特定疾病)」の人
保険料	市区町村ごとに決定 所得により異なる	加入している医療保険により決定
保険料の支払い方法	年金額が年**18万円以上**の人は **年金から天引き**（特別徴収） 年**18万円未満**の人は **納付書で納付**（普通徴収）	会社員・公務員は**給与天引き** フリーランス・自営業は 国民健康保険に**上乗せ**

介護度ごとの給付限度額と自己負担額

介護度	給付限度額	自己負担額		
		1割	2割	3割
要支援1	50,320円	5,032円	10,064円	15,096円
要支援2	105,310円	10,531円	21,062円	31,593円
要介護1	167,650円	16,765円	33,530円	50,295円
要介護2	197,050円	19,705円	39,410円	59,115円
要介護3	270,480円	27,048円	54,096円	81,144円
要介護4	309,380円	30,938円	61,876円	92,814円
要介護5	362,170円	36,217円	72,434円	108,651円

※自己負担額は基本的に1割だが、一定以上の所得がある場合は2割・3割

高額の医療費がかかったら……「高額療養費」の申請方法

高額療養費制度は、1か月（毎月1日から末日まで）の医療費の自己負担額が上限を超えた場合に、その超えた分を払い戻してもらえる制度です。1か月の自己負担額の上限は、年齢や所得の水準によって変わります。さらに、過去12か月以内に3回以上自己負担額の上限に達した場合は、4回目から自己負担額の上限が下がります（多数回該当）。ただし、差額ベッド代など、**高額療養費制度の対象外となる費用もあります**。

高額療養費制度は、いったん先に医療費を支払って、あとから払い戻しを受ける制度ですが、前もって健康保険に「**限度額適用認定証**」を申請しておけば、自己負担分の支払いだけで済ませることもできます。

なお、マイナンバーカードを保険証として利用する「マイナ保険証」が使える医療機関（マイナ受付ができる医療機関）ならば、マイナンバーカードまたは健康保険証を提示するだけで**自動的に限度額を超える支払いが免除されます**。

POINT

- 「高額医療・高額介護合算制度」を知っておく
- 世帯分離を検討する場合は、損得をトータルで考える

高額療養費制度の流れ

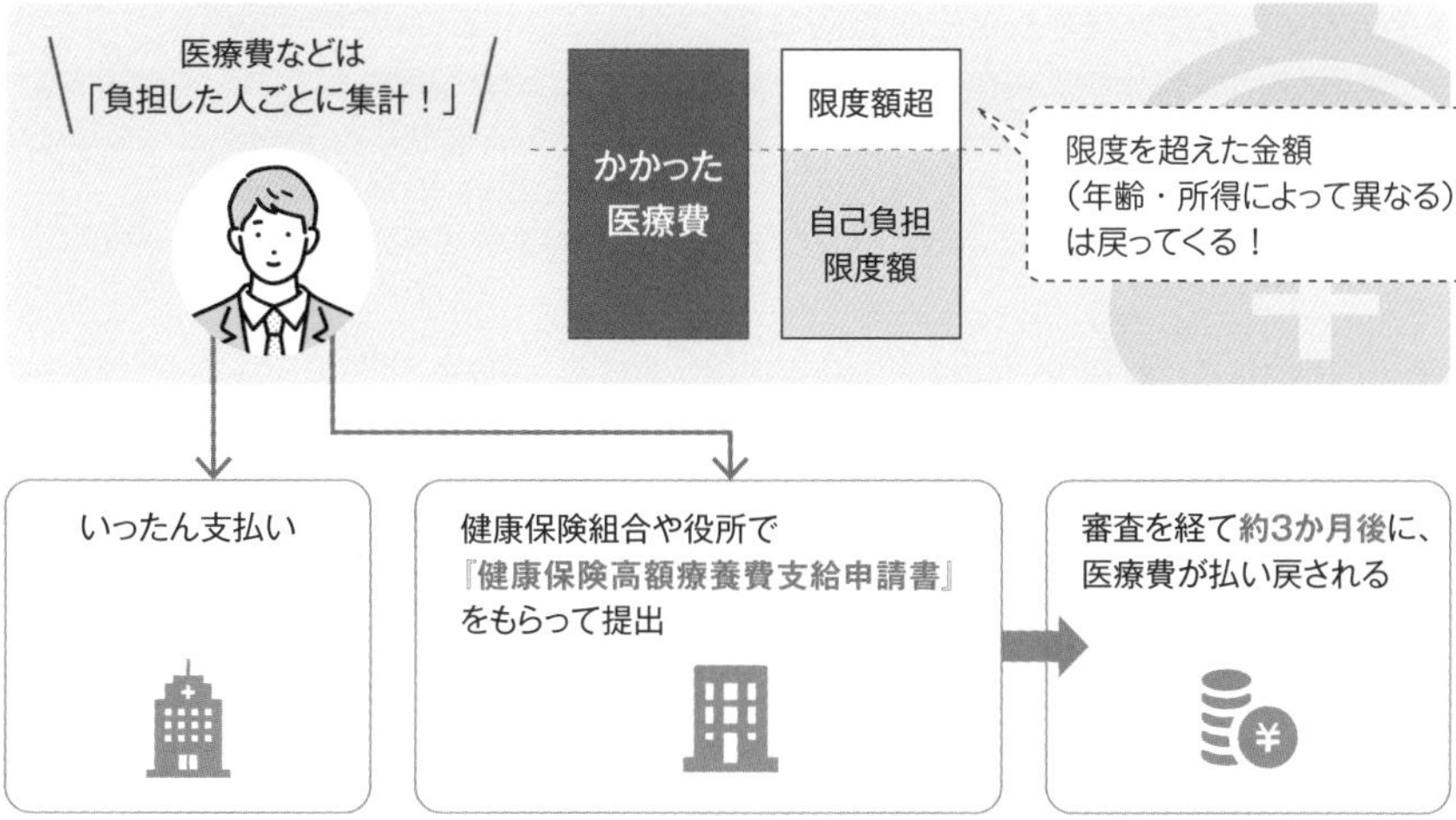

医療費などは
「負担した人ごとに集計！」
かかった
医療費
限度額超
自己負担
限度額
限度を超えた金額
（年齢・所得によって異なる）
は戻ってくる！
いったん支払い
健康保険組合や役所で
『健康保険高額療養費支給申請書』
をもらって提出
審査を経て約3か月後に、
医療費が払い戻される

かかった医療費がすべて払い戻しの対象ではない！
入院中の食事代・差額ベッド代・先進医療にかかる費用は対象外！

医療費・介護費合算制度も活用しよう！

世帯合算

同一世帯で1人、1か月、各病院・診療所ごとに、**21,000円以上**の医療費負担が複数ある場合、**世帯で合算した負担額**のうち自己負担の合計額の上限を超えた分が合算高額療養費として払い戻しされる。

¥
70歳以上の場合、
21,000円の
制約ナシ！

高額医療・高額介護合算制度

同一世帯で毎年**8月1日～翌年7月31日**までの1年間にかかった医療費・介護費の自己負担額の合計額が上限（自己負担限度額）を超えた場合、その超えた金額を受け取れる。

¥
世帯の年齢や
所得によって
限度額は異なる！

高額療養費制度の自己負担額

●70歳未満の負担割合と自己負担限度額

区分	負担割合	自己負担限度額	多数回該当
年収約1,160万円～ 健保：標準報酬月額83万円以上 国保：所得901万円超	3割	252,600円＋ （総医療費－842,000円）× 1%	140,100円
年収約770万円～約1,160万円 健保：標準報酬月額53万円～ 79万円 国保：所得600万～ 901万円		167,400円＋ （総医療費－558,000円）× 1%	93,000円
年収約370万円～約770万円 健保：標準報酬月額28万円～ 50万円 国保：所得210万～ 600万円		80,100円＋ （総医療費－267,000円）× 1%	44,400円
年収156万円～約370万円 健保：標準報酬月額26万円以下 国保：所得210万円以下		57,600円	44,400円
住民税非課税世帯		35,400円	24,600円

●70歳以上は収入によって負担割合が異なる

<table>
<tr><th colspan="2" rowspan="2">適用区分</th><th rowspan="2">負担割合</th><th colspan="2">ひと月の上限額</th></tr>
<tr><th>外来（個人ごと）</th><th>（世帯ごと）</th></tr>
<tr><td rowspan="3">現役並み</td><td>年収約1,160万円～
標報83万円以上／課税所得690万円以上</td><td rowspan="3">3割</td><td colspan="2">252,600円（医療費－842,000）×1%
（多数回該当　140,100円）</td></tr>
<tr><td>年収約770万円～約1,160万円
標報53万円以上／課税所得380万円以上</td><td colspan="2">167,400円（医療費－558,000）×1%
（多数回該当　93,000円）</td></tr>
<tr><td>年収約370万円～約770万円
標報28万円以上／課税所得145万円以上</td><td colspan="2">80,100円（医療費－267,000）×1%
（多数回該当　44,400円）</td></tr>
<tr><td>一般</td><td>年収156万円～約370万円
標報26万円以下／
課税所得145万円未満等</td><td rowspan="3">70～74歳
2割

75歳以上
1割</td><td>18,000円
（年144,000円）</td><td>57,600円
（多数回該当　44,400円）</td></tr>
<tr><td rowspan="2">住民税非課税等</td><td>Ⅱ 住民税非課税世帯</td><td rowspan="2">8,000円</td><td>24,600円</td></tr>
<tr><td>Ⅰ 住民税非課税世帯
（年金収入80万円以下など）</td><td>15,000円</td></tr>
</table>

高額介護サービス費の負担限度額

区分	負担の上限額（月額）
課税所得690万円（年収約1,160万円）以上	14万100円（世帯）
課税所得380万円（年収約770万円）～課税所得690万円（年収約1,160万円）未満	9万3,000円（世帯）
住民税課税～課税所得380万円（年収約770万円）未満	4万4,400円（世帯）
世帯全員が住民税非課税	2万4,600円（世帯）
前年の公的年金等収入額金額＋その他の合計所得金額の合計が80万円以下	2万4,600円（世帯） 1万5,000円（個人）
生活保護を受給している方等	1万5,000円（世帯）

高額医療・高額介護合算制度の自己負担限度額の上限

<table>
<tr><th>区分</th><th>70歳以上の世帯</th><th>70歳未満の世帯</th></tr>
<tr><td>年収約1,160万円以上</td><td>212万円</td><td>212万円</td></tr>
<tr><td>年収約770万円～1,160万円</td><td>141万円</td><td>141万円</td></tr>
<tr><td>年収約370万円～770万円</td><td>67万円</td><td>67万円</td></tr>
<tr><td>年収約370万円以下</td><td>56万円</td><td>56万円</td></tr>
<tr><td>住民税非課税世帯</td><td>31万円</td><td rowspan="2">34万円</td></tr>
<tr><td>住民税非課税世帯で年金収入80万円以下など、一定基準に満たない方</td><td>19万円</td></tr>
</table>

介護費の自己負担額を減らせる世帯分離

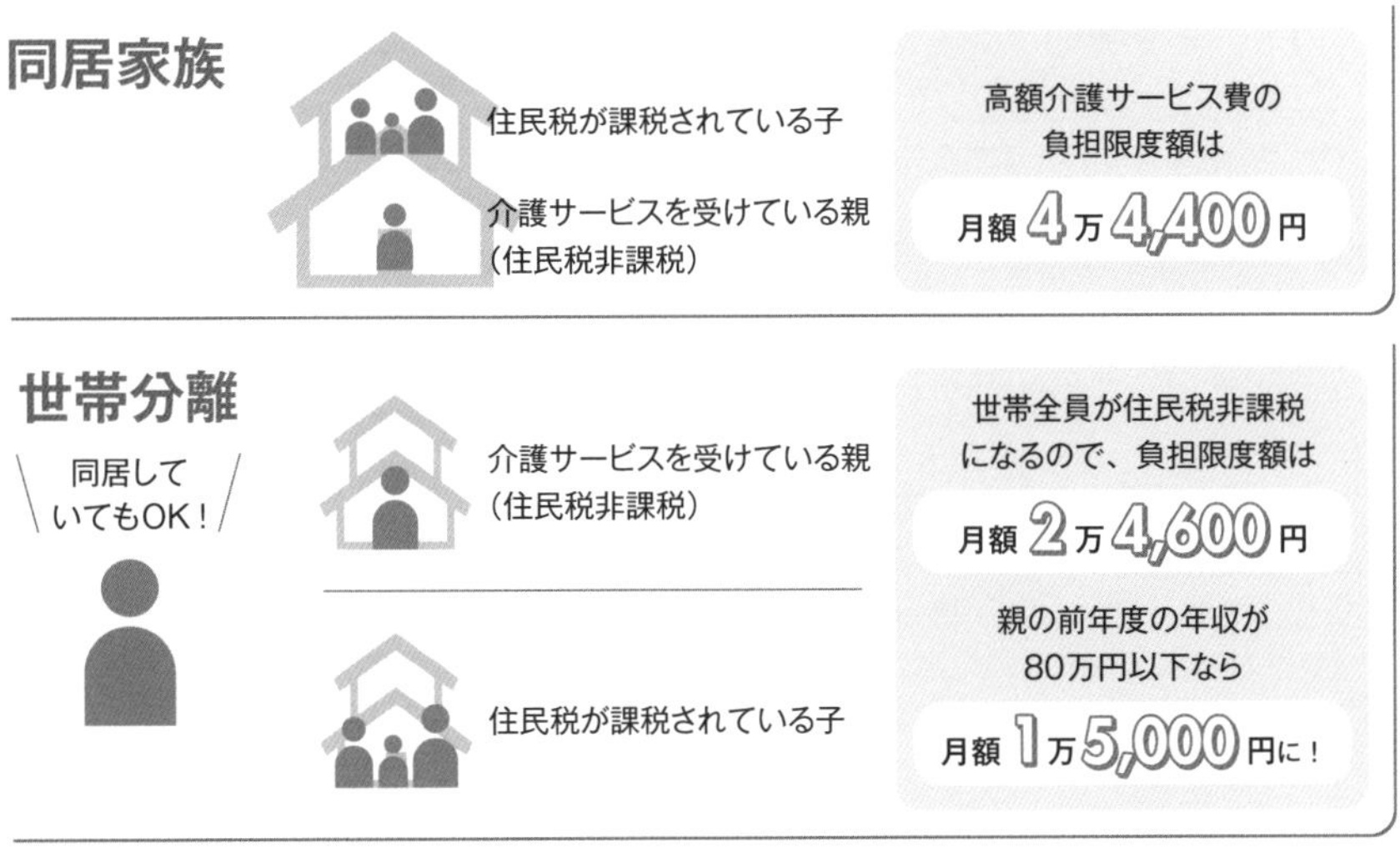
同居家族
住民税が課税されている子
介護サービスを受けている親（住民税非課税）
高額介護サービス費の負担限度額は
月額 4万4,400円
世帯分離
同居していてもOK！
介護サービスを受けている親（住民税非課税）
住民税が課税されている子
世帯全員が住民税非課税になるので、負担限度額は
月額 2万4,600円
親の前年度の年収が80万円以下なら
月額 1万5,000円に！

医療費が高額になりすぎたときの2つの工夫

通院・入院・手術などで一定額以上の医療費を支払った場合、医療費控除が利用できます。また、日ごろから健康増進の取り組みをしている人が薬局などで対象の医薬品を一定額以上購入した場合、**セルフメディケーション税制**が利用できます。

どちらも確定申告によって所得控除が受けられ、税金を安くできます。ただし、医療費控除とセルフメディケーション税制は**片方しか利用できない**ので、お得になるほうを申請しましょう。

医療費控除とセルフメディケーション税制の対象は？

医療費控除

- 所得200万円以上の場合
（1年間の医療費の合計ー保険金や公的給付などの補てん）ー10万円
- 所得200万円未満の場合
（1年間の医療費の合計ー保険金や公的給付などの補てん）ー所得額の5%

※上限は200万円

- ☑ 病院でかかった医療費・交通費
- ☑ 治療用に買った医薬品
- ☑ 入院のための部屋代・食事代
- ☑ 治療のためのマッサージ
- ☑ 歯の矯正（美容目的は対象外）

コンタクトレンズ代、
サプリメントや栄養ドリンク、
健康診断などは対象外！

↕ **併用は不可！**

セルフメディケーション税制

年間の対象市販薬の購入額ー1万2,000円（最大8万8,000円）

※市販薬購入額は10万円が最大となる

ケース別に医療費控除を見てみよう

[ケース①] 1人で300万円負担した場合

[ケース②] 夫婦で300万円負担した場合

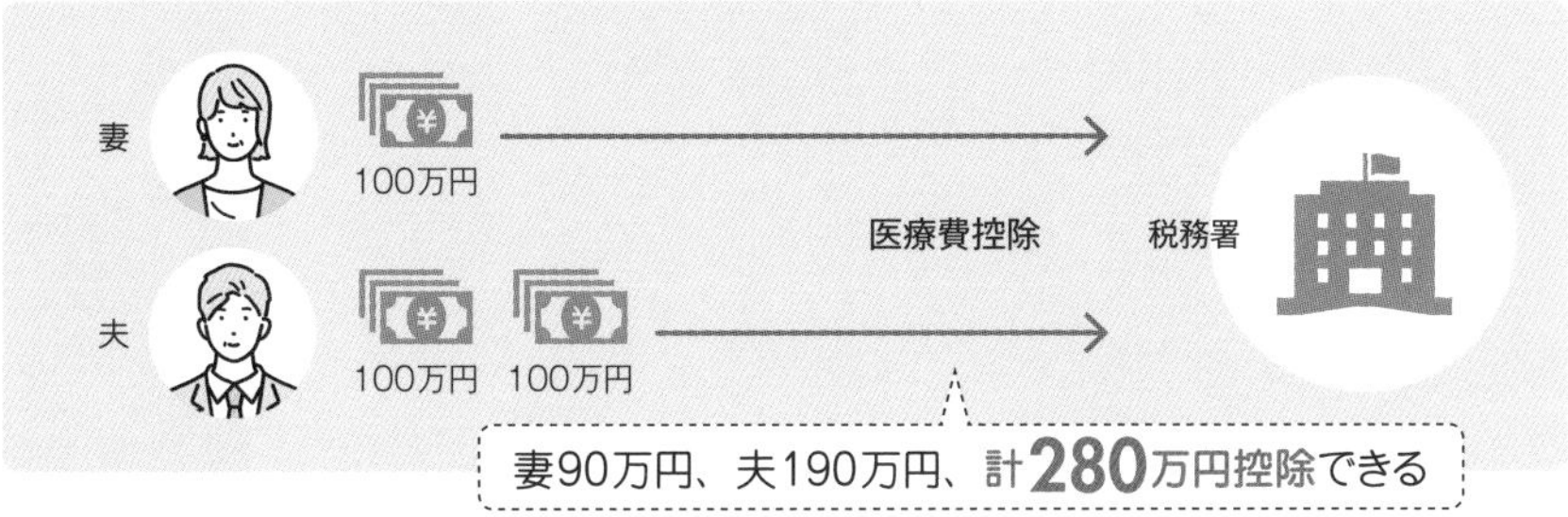

[ケース③] 2年がかりで負担した場合

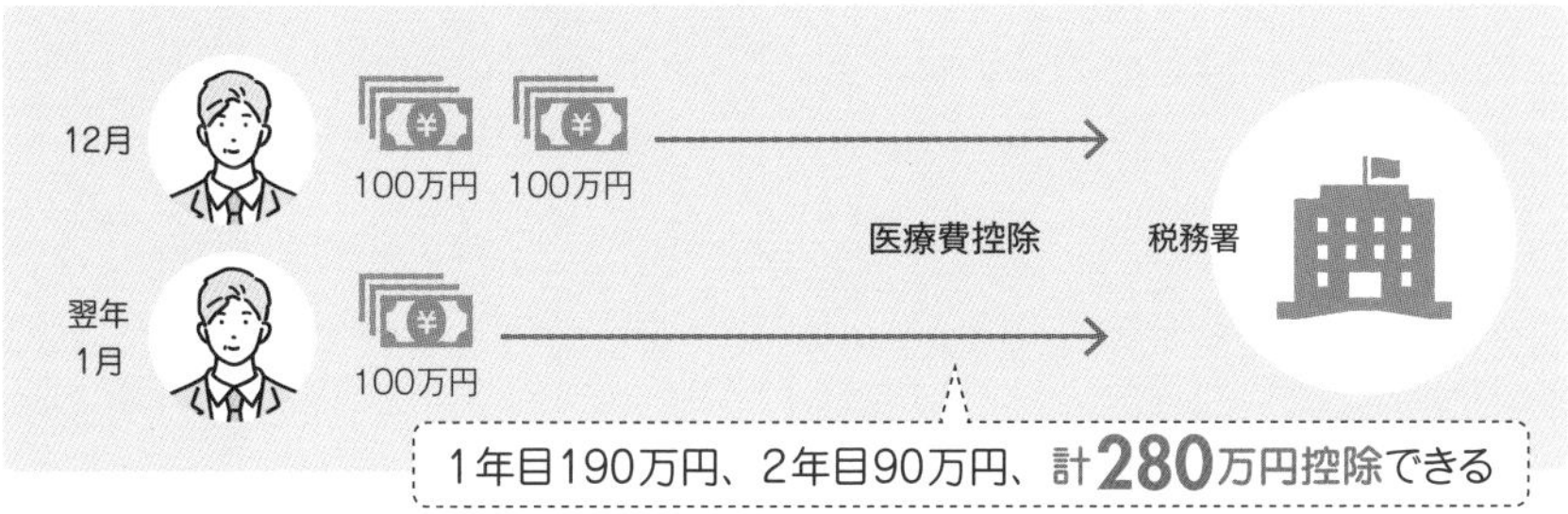

知っトク！

所得が低い人が申請をしたほうがいい場合も！

医療費が**10万円に満たない場合**は、所得が**200万円**未満の人が医療費控除したほうがいい場合もあります。なぜなら、所得200万円未満の場合は、10万円を超えた部分ではなく「**所得の5%を超えた部分**」で医療費控除が使えるからです。

備えあれば憂いなし。でも、その保険、本当に必要ですか？

これまで保険の見直しをしたことがない人は、今の自分に必要ないくらい高額の保険金が出る保険に入ったままで、**多額の保険料を支払っている**場合があります。すでに触れたように、公的な医療保険や介護保険、高額療養費制度などの制度も充実しています。もしそうした保険に加入したままになっているようならば、解約して保険料を貯蓄や投資に回しましょう。

ただし、もし加入している保険が「**1999年3月までに契約した貯蓄型保険**」の場合は、解約しないでおきましょう。その保険は、金利（予定利率）が高い時代に契約した「お宝保険」かもしれません。

お宝保険は金利（予定利率）が3～6％と、昨今の保険よりずっと高いのが特徴です。保険会社にとって不利な商品なので、乗り換えの案内も頻繁に来ますが、解約しないほうがいいでしょう。このまま運用を続けて、お金が欲しくなったときに解約しましょう。

POINT

- 保険に加入する必要性が高い人は、それほど多くない
- 解約しないほうがいい「お宝保険」もある

不要な保険は見直しをしよう

こんな保険に加入していたら見直しを！

- 年金生活中の単身の人が加入している生命保険
  →保険金を残す人がいないので不要
- 複数の医療保険に加入している
  →高額療養費制度などでカバーできる

保険解約時の注意点

⚠ **1** 健康状態や年齢によって**同様の条件の保険に入れないことがある**

⚠ **2** 主契約を解約すると、**これまでの保障（特約）がなくなる**

⚠ **3** 中途解約をすると、**解約返戻金の元本割れが発生することが多い**

解約返戻金あり（中途解約の場合元本割れ）	解約返戻金なし（あってもごくわずか）
・終身保険　・学資保険 ・養老保険　・個人年金保険　など	・医療保険　・定期保険 ・がん保険　・収入保障保険　など

⚠ **4** 外貨建て保険は解約時の為替レートによって
損失が出る可能性がある

知っトク！

お宝保険に加入している人はムダに解約しないように！

1980年代中ごろ～1990年代前半のいわゆる「バブル期」に販売されていた積み立て型保険は予定利率3～6%と一般のものより利率が高いのが特徴です。そのころに契約した保険がある場合は、下記いずれかのタイミングでの解約を検討してください。

①養老保険は満期まで待つ（満期がないならお金がないときに解約）
②解約返戻金が高いタイミングで解約

変額保険の解約返戻金を「最大限もらう」ベストな方法

変額保険は、**運用実績によって保険金や解約返戻金が変動する保険**です。保険期間が一定の「有期型」と、生涯保障が続く「終身型」の2種類があります。変額保険は、運用実績がよければ保険金や解約返戻金が増えるのですが、運用実績が悪ければ**払い込んだ保険料よりも受け取れるお金が減ってしまう**こともあります。さらに、払い込んだ保険料のなかから引かれる手数料や、解約するときに支払う解約控除の金額も高いため、思ったほどは増えません。

ある変額保険の場合、仮に年３％で運用できたとしても、解約返戻金が元本割れしている計算になっています。

ですから、保険料払込期間満了時に元本割れしていても、保険料を払っていた期間は安心を買っていたのだと割り切って解約しましょう。受け取ろうと考えていた時期に市場が暴落しているようであれば、**1～3年程度様子見し、値上がりを待ったうえで解約**。解約後は投資信託やＥＴＦに乗り換えましょう。

POINT

- 変額保険の手数料は投資信託よりもずっと割高
- 多少の元本割れは覚悟して「潔く解約する」のがおすすめ

変額保険 vs 投資信託

● **変額保険料及び投資信託の積立額は月2万6,690円。**
これを25年間行う（運用利率3%）

運用実績	5年	10年	20年	25年	30年	35年
元本合計	160万円	320万円	640万円	800万円	800万円	800万円
変額保険 解約返戻金	89万円	226万円	524万円	707万円	745万円	786万円
投信の資産額 信託報酬0.1%	172万円	371万円	867万円	1,174万円	1,354万円	1,562万円
投資信託 ー変額保険	**+83万円**	**+145万円**	**+343万円**	**+467万円**	**+609万円**	**+776万円**

▶ **「増やす」面を考えれば、圧倒的に投資信託**
保険商品の手数料と解約控除は大きいことがわかる

有期型・終身型保険の出口戦略

有期型の場合

①満期の5年前になったら特別勘定を株式型→債券型に変更
②もし5年前の時点で暴落が来ていたら、1~3年様子を見てから変更

▶ **受け取り直前の価格変動リスクを抑えられる**

終身型の場合

①保険料払込期間満了前に解約すると元本割れする
②元本割れの影響が少ない、保険料払込期間満了後に解約を検討する
③市場が通常の状態であれば解約
④もし市場が暴落していたら、3~5年程度様子を見てから解約
⑤解約後は投資信託やETFに乗り換えて、運用しながら取り崩す

▶ **解約返戻金で多少損をする可能性はあるが、**
その後の投資効率がアップする

理想の老人ホームに確実に入るには、どの程度お金が必要なのか？

老人ホームには、自治体などが運営する**公的施設**と企業などが運営する**民間施設**があります。ともに、介護が必要な人向けの老人ホームと自立した生活が送れる人向けの老人ホームがあり、どの老人ホームを利用するかによってかかる費用も異なります。もっとも、公的施設は枠が埋まりやすいのが現状。**民間施設への入居が現実的**です。

老人ホームの費用には、老人ホーム・介護施設に入居する際に施設に支払う「**入居一時金**」と、老人ホームに入居したあとに毎月かかる「**月額利用料**」があります。なお、医療費や老人ホームとは別の外部の介護サービスを受けたときの費用、日用品の費用などは月額利用料には含まれず、自己負担となります。

すでに持ち家があったとしても、老人ホームを利用することがあるでしょう。この場合、持ち家を売却するか、人に貸すかして老人ホームに入ることになります。賃貸住まいの場合は、家賃の支払先が老人ホームに変わるだけですので、さほど大きな問題はありません。

POINT

- 収入と貯蓄で賄える施設を選ぶことが大切
- 月額20～40万円程度かかるのが一般的

自分におすすめの方法はどれ？

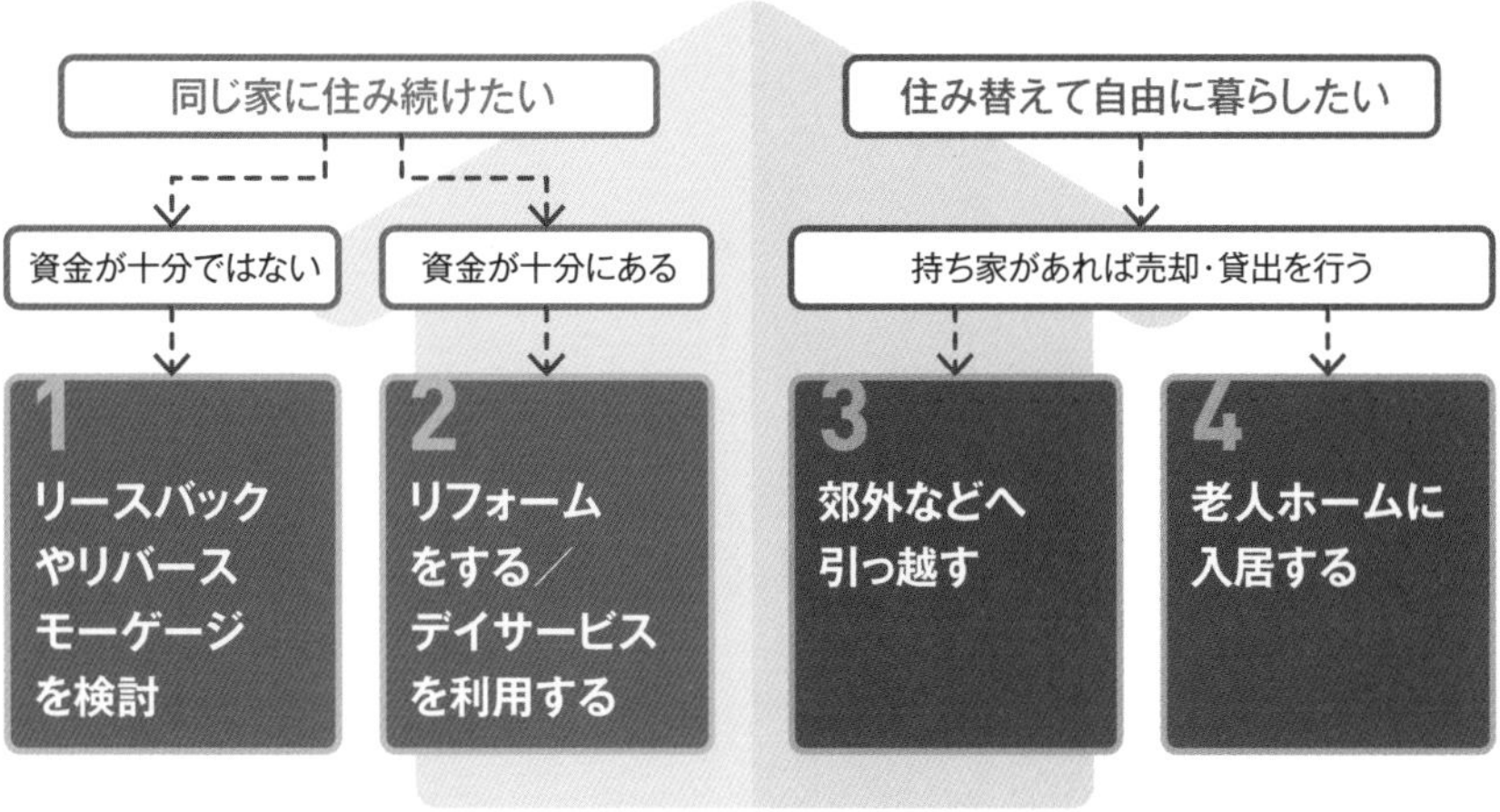

高齢者向け施設の金額は0～数千万まで！

介護老人福祉施設（特養）

要介護3以上の人が対象。日常生活面での介護が中心。原則個室で看取りまで対応してくれる

入居金・敷金 0円　月額費用 3～15万円

介護療養型医療施設

比較的重度の要介護者に対して医療処置とリハビリを提供。回復した場合は退去の可能性も

入居金・敷金 0円　月額費用 7～20万円

認知症高齢者グループホーム

要支援2以上で認知症の人が対象。
原則個室

入居金・敷金 0～数百万円　月額費用 10～25万円

介護つき有料老人ホーム

自立可能な人から、要介護（介護度問わず）・認知症の人まで幅広く受け入れている

入居金・敷金 0～数千万円　月額費用 15～30万円

住宅型有料老人ホーム

介護サービスを自由に選択できる（外部の訪問事業者と契約）ため、料金が人によって大きく異なる

入居金・敷金 0～数千万円　月額費用 10～30万円

サービスつき高齢者向け住宅※

必要な介護サービスを契約する「一般型」と介護度別の定額で介護サービスを受ける「介護型」がある

入居金・敷金 0～数十万円　月額費用 10～25万円

※サービスつき高齢者向け住宅は賃貸借方式のため、入居時は敷金を支払う

軽費老人ホーム（ケアハウス）

軽費老人ホーム（A型・B型・ケアハウス）の3つに分けられる

入居金・敷金 0～数百万円　月額費用 9～17万円

最終的に自宅をどうするか。「不動産の出口戦略」を話し合おう

総務省統計局「住宅・土地統計調査」（平成30年）によると、65歳以上の高齢者のいる世帯の**持ち家の比率は82・1％**にのぼります。高齢者夫婦のみの世帯では87・4％、高齢単身世帯でも66・2％と、老後も持ち家に住む人が多くいます。

しかし多くの場合、すでに数十年住んできた自宅です。建物自体が老朽化したり、老後の生活に合わなくなったりしているケースもあるでしょう。最終的に自宅をどうするのかについては、ぜひ検討しておきましょう。

自宅の活用方法には、左図のような方法があります。**リフォーム**は建物を壊す必要もなく、ご近所付き合いも変わらない点はメリットですが、お金は相応にかかります。

住み替えは自宅が高く売却できれば自己資金なしでも可能でさまざまな家が選べますが、生活環境の変化に対応する必要があります。**リバースモーゲージ**や**リースバック**を活用すれば、自宅を活用してお金が得られますが、デメリットも多く、使うべきではありません。

POINT

- リフォーム・住み替えのメリットとデメリットを考える
- リバースモーゲージやリースバックはデメリットが大きい制度

リフォームと住み替えどっちがいい？

リフォームがおすすめの人

- 家に愛着がある
- 生活環境を変えたくない
- ご近所付き合いを変えたくない
- ある程度リフォーム用のまとまったお金がある
- 仕事などの都合で引っ越しできない

＼ リフォームでも控除が利用可能！ ／

リフォームで、**バリアフリー・省エネ・耐震機能**を高めた場合は、「投資型減税」という制度を使って**10%の控除**を受けることができる

住み替えがおすすめの人

- 子どもに家を残す必要がない
- 生活環境を変えたい
- 家の資産価値が上がっている
- 老後の生活にあった家に住むことができる
- 購入資金・賃貸の支払いができるぐらいのお金がある

＼ 住宅補助費用をチェック！ ／

自治体によって制度はさまざまだが、**移住にかかる費用の一部を補助**してくれる「**移住支援制度**」を用意している自治体もたくさんある

リバースモーゲージとリースバックの違い

そのほか住宅関連で使える制度・サービスとして、以下の2つがありますが、あまり積極的にはおすすめしません。

	リバースモーゲージ	リースバック
制度概要	自宅を担保にして金融機関からお金を借りる制度	自宅を売却・現金化したあとに借りて、家賃を支払って住み続ける制度
物件の所有権	居住者本人	売却先の不動産会社
固定資産の納税義務	あり	なし
年齢制限	50～60歳以上（金融機関により異なる。下限があることが多い）	なし
対象物件	一戸建て（マンションは不可の場合がある）	制限なし。工場・事務所も可
家族の同居	配偶者のみ可能	可能
契約終了後	売却	買い戻し可能
現金化までの期間	1～3か月ほど	最短20日

親が亡くなってから「相続する」のは遅すぎる

退職金と並んで、大きな金額が入ってくる可能性があるのが、親の財産（遺産）です。親が亡くなると、故人の財産は遺された家族が相続します。

親子間であっても、相続時には相続税がかかりますが、相続税は**「3000万円＋（600万円×法定相続人の人数）」までの金額であれば非課税**です。相続税がかかるほど財産があるならば、相続税の対策をしましょう。生前に家族や子どもに無償で財産を譲る「贈与」を行い、相続税を減らすのが基本です。

贈与には、贈与税がかかります。贈与税の課税の方法には、**暦年課税**と**相続時精算課税**があります。なお、暦年課税では贈与する人が亡くなる3年以内に贈与した財産には相続税がかかりますが、2024年より**「7年以内」に延長**されます。

教育資金、結婚・出産・育児資金、住宅取得資金にも一括贈与による非課税の特例があります。要件を満たせば、自分の子ども（親から見れば孫）に贈与させることで相続時の財産を減らせます。

POINT

- 実は、相続税がかからない人も多い
- 生前の親に対する貢献度の違いを巡ってトラブルになりがち

資産が多い人は早いうちからお金を家族に贈与する

［ケース①］財産が**非課税額**を超える

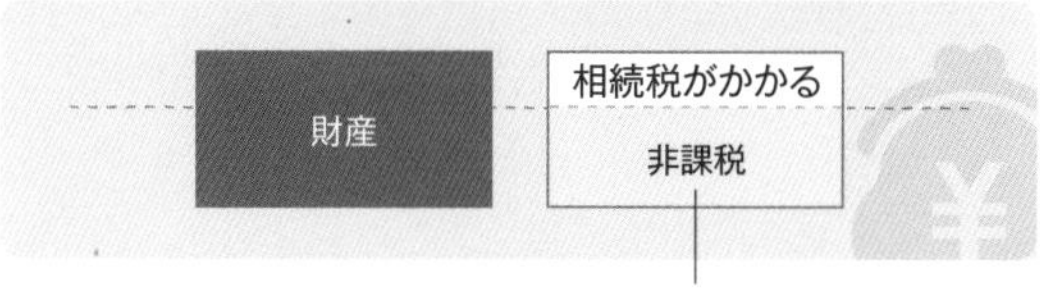

3,000万円+(600万円×法定相続人の人数)までの金額が非課税

〉対策〈

生きているうちに贈与する

長い期間をかけて財産を譲渡したい人、もしくは贈与の対象者が多い場合におすすめ（→暦年課税）

一度にまとめて財産を贈与したい人におすすめ（→相続時精算課税）

	暦年課税	相続時精算課税
どんな制度？	1年間に贈与した財産の合計額に課税される制度	贈与税を抑えるかわりに、相続税で税金を払う制度
贈与者（財産をあげる人）	制限なし	60歳以上の父母、祖父母
受贈者（財産をもらう人）	制限なし	18歳以上の子ども、孫
非課税枠	年間110万円	累計2,500万円
非課税枠を超過した場合の税率	10～55%	一律20%
贈与者が亡くなった場合	亡くなる前3年（2024年1月1日以降の贈与から7年）以内の贈与は無効。相続税がかかる	贈与財産は相続税の対象となる

相続時精算課税と暦年課税は併用できない

	教育資金	結婚・出産・育児資金	住宅取得資金
年齢要件*1	0～29歳の子ども、孫	18～49歳の子ども、孫	18歳以上の子ども、孫
所得要件	受贈者1,000万円以下	受贈者1,000万円以下	年間合計所得*2 2,000万円以下
1人あたりの上限	1,500万円	1,000万円	500万円～1,000万円
主な用途	・学校の入学金、授業料 ・学習塾の費用　など	・婚礼費用、新居の費用 ・不妊治療、出産費用 ・育児費用　など	・住宅の新築、取得 ・住宅の増改築　など

＊1　対象条件や例外も多いので、申請前に要確認
＊2　事業所得、給与所得、配当所得、不動産所得などの所得金額を合計した金額

自分の子(親から見れば孫)の贈与で活用すれば相続税が減らせる

元気なうちに遺言書を作っておくのもおすすめ

[ケース②] 遺言書がない！

法定相続分の順位に従って分けるのが目安のひとつだが、法定相続人全員で話し合って（遺産分割協議）、財産をどのように分配するか決めることもある。その際もめごとにつながりやすい

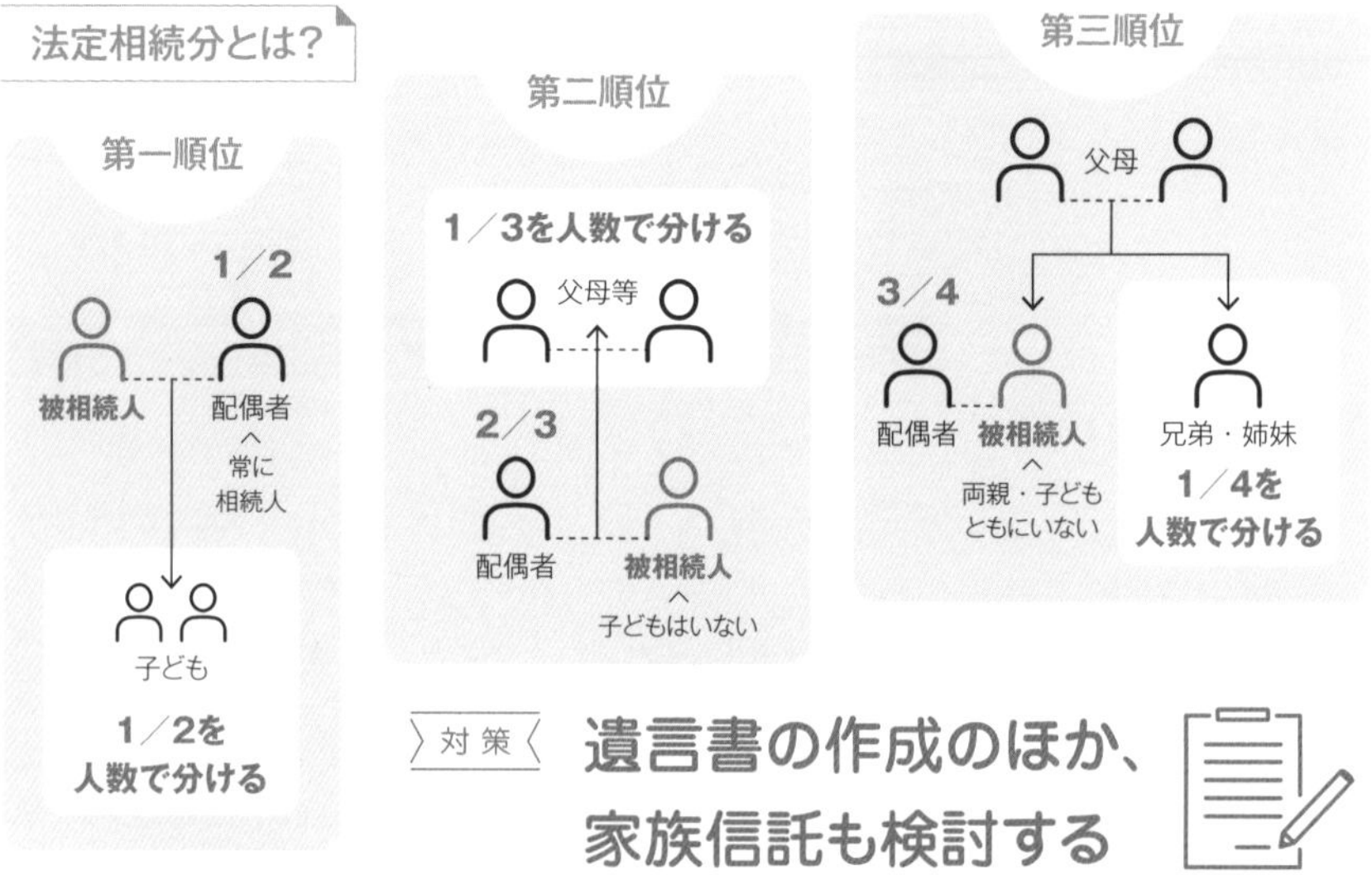

〉対策〈 **遺言書の作成のほか、家族信託も検討する**

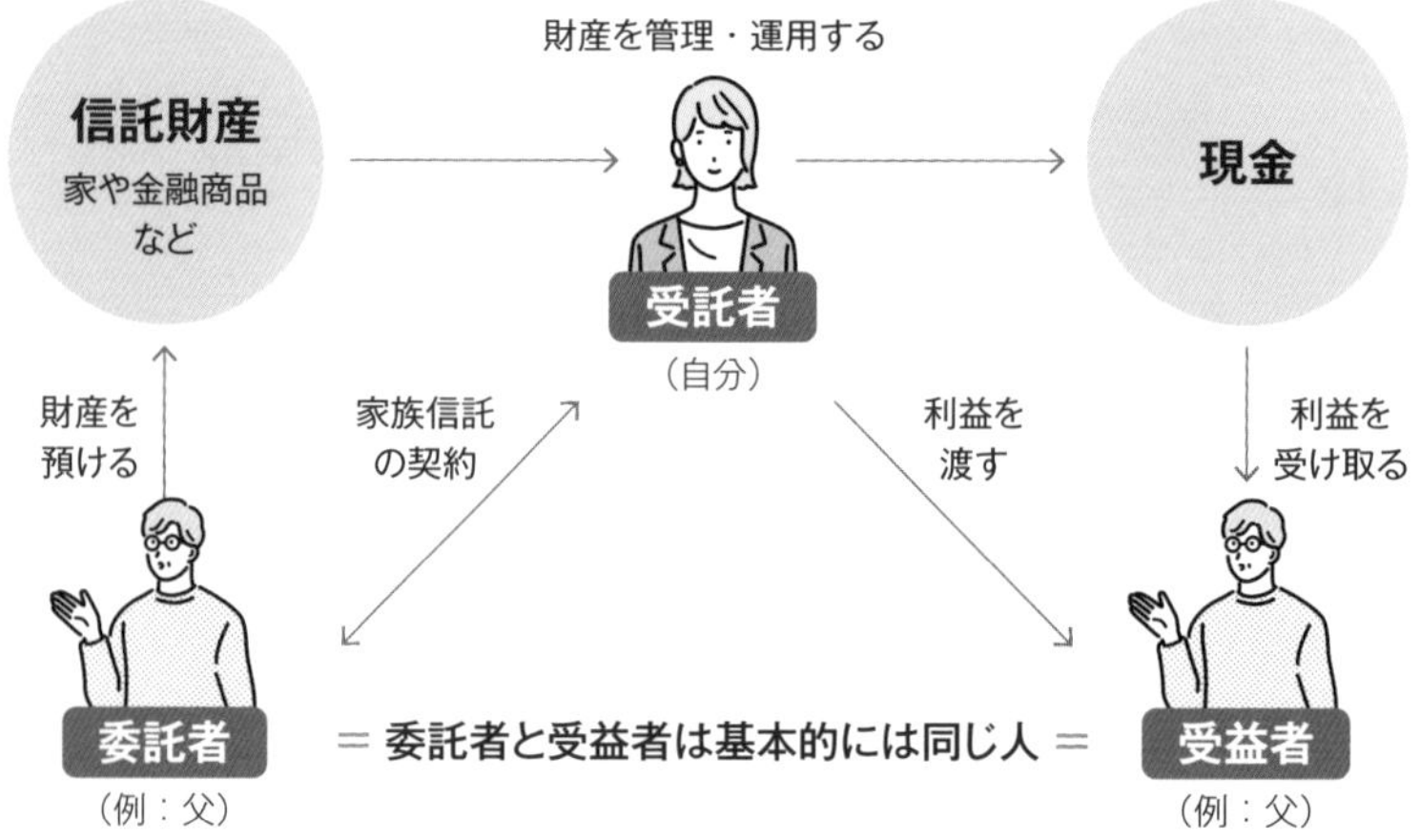

遺産の分け方でもめそうなら、すぐ始めるべき対策

遺言書で財産の分け方が指定されていればそれが優先されますが、遺言書がない場合には**法定相続人全員で話し合い**（遺産分割協議）、財産をどのように分割するかを決めます。

しかし、**遺産分割協議はもめやすいもの**。財産の分け方が決まらないと、相続の放棄や相続税の申告などの期限に間に合わず、損することもあります。

これを防ぐには、親が元気なうちから相続を話し合うこと、「**家族信託**」を活用することも有効です。

相続の手続きにはさまざまな期限があるので要注意

期限	手続き
	被相続人の死亡
7日以内	死亡届
3か月以内	相続放棄・限定承認
4か月以内	所得税の申告・納付
10か月以内	相続税の申告
2年以内	葬儀費などの申告

相続の放棄をすれば、借金を相続する必要はない。ただし、3か月以内に相続の放棄ができなければ、自動的にすべて相続することに！

10か月以内に申告をしないと「配偶者の税額軽減」や「小規模宅地の特例」などが利用できない。高額の相続税がかかる！

相続発生時は手続き・確認すべきことが多い

- 被相続人の預金口座
- 被相続人の金融商品（証券口座など）
- 遺言書のあり・なし
- 相続財産の確認
- 健康保険の手続き
- 年金の手続き
- 介護保険の手続き
- 公共料金の名義変更（必要な場合）
- 世帯主の変更（必要な場合）
- 葬儀の準備・手配
- ネット関連の契約（サブスク系の支払いは要チェック）
- SNSの退会手続き

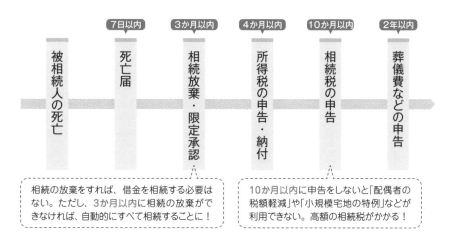

COLUMN

50歳以上だとおトクなサービスが受けられる!?

ジャンル	会社名	サービス・対象・概要
買い物	イオングループ	G.G. WAON（55歳以上） 毎月15日の「G.G感謝デー」で利用すると５%オフ
	イトーヨーカドー	シニアナナコカード（60歳以上） 毎月15日・25日の「シニアナナコデー」、毎月８日・18日・28日の「ハッピーデー」で利用すると５%オフ
	トイザらス	まご割（50歳以上） 毎月15日は10%オフ
	ツルハグループ	ツルハドラッグと薬の福太郎では、毎月15・16・17日（シニア感謝デー！）に、シニアマークのついたツルハポイントカードを提示すると５%割引になる。対象者は満60歳以上
外食	すかいらーくグループ	プラチナパスポートを持った60歳以上であれば同伴者６人まで合算して５%オフになる（店内飲食の場合）
映画	イオンシネマ	ハッピー55（55歳以上）鑑賞料金1,100円
	ユナイテッドシネマ	シニア（60歳以上）鑑賞料金1,200円
	TOHOシネマズ	60歳以上は鑑賞料金1,300円
鉄道	JR	ジパング倶楽部（男性65歳以上・女性60歳以上） JR線の各種きっぷが最大3割引、年20回まで購入可能 年会費3,840円（個人会員）・6,410円（夫婦会員・２人分）
	JR東日本	おとなの休日倶楽部ジパング（男性65歳以上・女性60歳以上） JR東日本とJR北海道のきっぷが何回でも30%割引 年会費4,364円（個人会員）・7,458円（夫婦会員・２人分）
	JR西日本	おとなび（50歳以上） 会員限定きっぷや旅行プランの申し込みが可能 J-WESTネットの会員に登録（無料）
娯楽	ハウステンボス	通常2万2,000円の年間パスポートが、65歳以上～75歳未満の人は1万6,000円、75歳以上の人は5,000円で購入できる
	国立博物館	65歳以上は無料で入館可能

車を使わない生活なら早めの免許返納を検討しよう

65歳以上の人が運転免許証を返納すると、お得なサービスがある自治体も。東京都だと、高齢者運転免許自主返納サポート協議会の加盟店に「運転経歴証明書（免許返納時に交付）」を提示することで、タクシーやバスの運賃の割引、商品券の贈呈、百貨店の宅配料金の割引、美術館、飲食店の料金割引などさまざまな特典を受けることができます。

Chapter
4

定年後も稼ぐ！ 60歳からの「働き方」

70歳まで働くことを覚悟している現役世代がほとんど

企業には「高年齢者雇用安定法」によって、定年後も従業員の希望があれば65歳まで雇用を継続することが義務づけられています。

さらに2021年に施行された改正高年齢者雇用安定法によって、企業に**70歳までの就業確保**を講じる努力義務が課されています。働く意欲のある人は、60歳で定年を迎えたあともこれまで通り働くことが可能となります。

実際、60代、70代で働いている人もたくさん。70歳以上の人のうち、**男性は4割以上、女性は2割以上の人が働いている**のです。

しかし、定年後の収入は下がることが多いのが現状です。給与所得者の平均給与は50代をピークに減少していきます。そして60代後半以降は、**年収300万円以下で働く人が大半となる**のです。

働き方にはさまざまな形がありますが、どれを選んだとしても、年収は下がるのが現実だということを押さえておきましょう。

POINT

- 定年後「いつまで働き続けるのか」計画を立てる
- 60歳で退職後、ブランクがある人の働き口は少ない

55歳以上でも働く人が多い！

（単位：%）

55～59歳		60～64歳		65～69歳		70～74歳		75歳以上	
男性	女性	男性	女性	男性	女性	男性	女性	男性	女性
91	73	82.7	60.6	60.4	40.9	41.1	25.1	16.1	7

出所：内閣府「令和４年度版高齢社会白書」より

60歳以降はぐっと給与が下がる

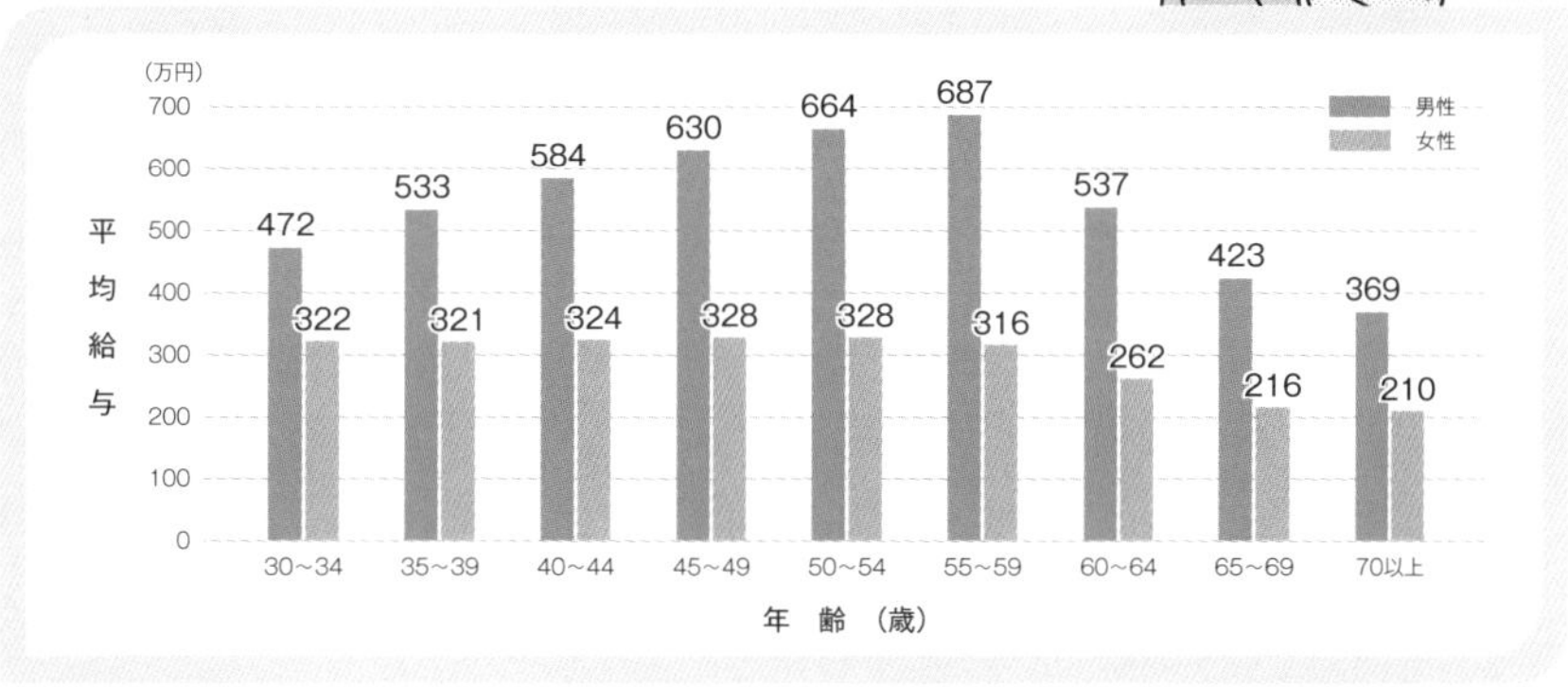

出所：国税庁「令和3年分民間給与実態統計調査」より

自営業者を含む年収の分布図

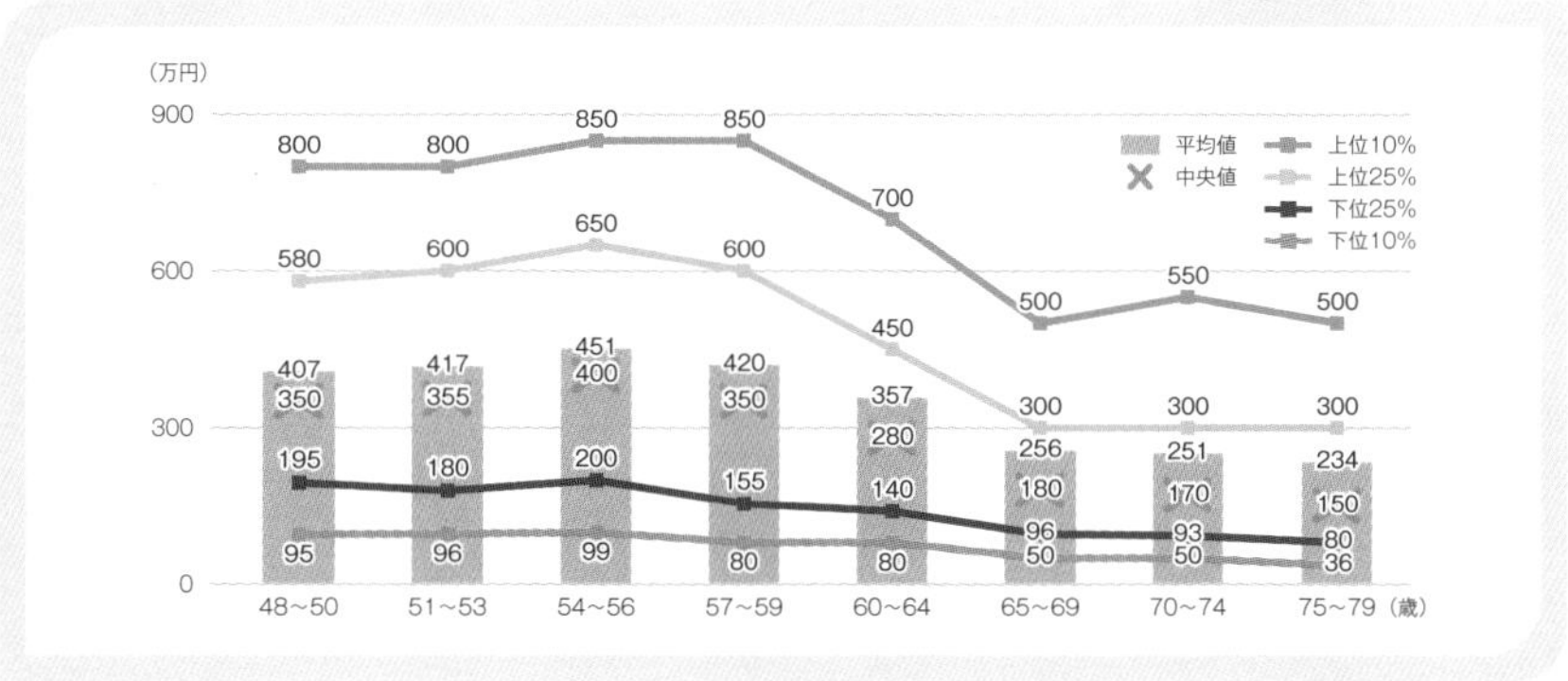

※2019年の数値
出所：リクルートワークス研究所「全国就業実態パネル調査」より

会社に最後までしがみつく「再雇用」、ホントのところ

定年後の働き方には、同じ会社で再び雇用される「再雇用」や別の会社に就職する「再就職」、会社に属せず働く「業務委託」、新しく事業を始める「個人事業主・起業」などがあります。

もっとも多いのは再雇用・再就職です。ただ、厚生労働省「令和4年版高齢社会白書」によると、55〜59歳は約11％（男性）・約59％（女性）だった非正規社員の割合が60代を境に急増し、65〜69歳では約68％（男性）・約84％（女性）に増加。**再雇用・再就職の多くは非正規社員**です。

一方、業務委託ならば、委託された業務を期日までにこなせばいいので、自分の好きな時間・場所・仕事で稼ぐことができます。ただし、再雇用・再就職と違って収入は安定しません。よくも悪くも**自分の裁量・責任が問われます。**

また、個人事業主でいるより法人化したほうが節税できるといって、開業する人もいます。生涯現役で働き続ける「定年起業」も増えています。しかし、業務委託同様、**仕事がなくて収入が安定しないこと**もあります。

POINT

- 再雇用の手取りの減り方は予想外に激しい
- 社会保障はフリーランス・業務委託より会社員のほうが手厚い

主に3つの働き方がある

1 再雇用・再就職

- 収入は安定する。ただし、再雇用の場合、業務負担が減らない可能性もある
- 再就職の場合、失業手当や再就職手当がもらえることも
- 収入ダウンによって、将来の厚生年金が下がる可能性もある

2 業務委託

- スキルに応じた収入アップの可能性もあるが、収入は安定しない
- 仕事する場所や時間が自由。仕事量も自分で調整できる
- 確定申告や税金の支払いはすべて自分で行う
- 労災保険や雇用保険に加入しない、労働基準法も適用にならない
- 在職老齢年金の対象にならない

3 個人事業主・起業

- すぐにスタートできる、かつ初期費用も不要。事業にかかる費用も経費にできる
- 自分が希望するかぎり、働き続けることができる
- スキルに応じた収入アップの可能性もあるが、収入は安定しない

知らなきゃ損！定年後の賃金ダウンに応じた2つの給付金

定年後の再雇用や再就職による収入減を補う給付金に**「高年齢雇用継続給付」**があります。

高年齢雇用継続給付には、「**高年齢雇用継続基本給付金**」と「**高年齢再就職給付金**」の2種類があります。高年齢雇用継続基本給付金は同じ会社に再雇用された場合の給付金。失業手当（雇用保険の基本手当）を受け取らずに働き続けた人が対象です。対する高年齢再就職給付金は基本手当を受け取って再就職した場合の給付金です。どちらも、60歳以降の給料が60歳時点の75％未満になったときに、**最大で15％**の給付金が受け取れます。

再雇用・再就職時の収入ダウンをカバーする給付金

勤めていた会社を退社して再就職しました
今までと同じ会社で継続雇用されました

<table>
<tr><th>種類</th><th colspan="2">高年齢再就職給付金</th><th>高年齢雇用継続基本給付金</th></tr>
<tr><td rowspan="4">受給条件</td><td colspan="3">60歳以上65歳未満</td></tr>
<tr><td colspan="3">雇用保険の被保険者期間が5年以上</td></tr>
<tr><td colspan="3">60歳以降の賃金が60歳時点の75%未満に低下</td></tr>
<tr><td colspan="2">基本手当を100日以上残して安定した職業※に再就職した</td><td>同じ会社に継続雇用、または失業手当を受けずに再就職</td></tr>
<tr><td rowspan="2">受給期間</td><td>基本手当の支給残日数100日以上200日未満</td><td>1年間</td><td rowspan="2">60歳に達した日の属する月から65歳に達する日の属する月まで。最大5年間</td></tr>
<tr><td>基本手当の支給残日数200日以上</td><td>2年間</td></tr>
</table>

※1年以上確実に雇用されることが条件

以前の給料から低下すればするほど、給付率アップ！

賃金の低下率＝60歳以降の賃金÷60歳到達時の賃金×100

現在の給料の60歳時点からの低下率	高年齢雇用継続給付金の給付率
75%以上	0.00%
74.00%	0.88%
73.00%	1.79%
72.00%	2.72%
71.00%	3.68%
70.00%	4.67%
69.00%	5.68%
68.00%	6.73%
67.00%	7.80%
66.00%	8.91%
65.00%	10.05%
64.00%	11.23%
63.00%	12.45%
62.00%	13.70%
61%以下	15.00%

給料が大きく減るほど、高年齢雇用継続給付金の給付率は増加する。最大15%！

高年齢雇用継続基本給付金の給付額＝60歳以降の賃金×給付率

例

60歳到達時の賃金が30万円、再雇用後の賃金が21万円

65歳になるまで毎月もらえる！

賃金低下率は21万円÷30万円×100＝70%
上の表を見ると給付率は4.67%
高年齢雇用継続基本給付金の給付額は 21万円×4.67%=9,807円

高年齢雇用継続基本給付金の受け取り、すべきか、すべきでないか？

高年齢雇用継続給付と特別支給の老齢厚生年金を一緒に受け取ると、**特別支給の老齢厚生年金が減額されます。**

しかし、特別支給の老齢厚生年金の減額率は高年齢雇用継続給付の支給率より緩やかで、高年齢雇用継続給付よりも特別支給の老齢厚生年金の金額が減ることはありません。

さらに、60歳以降も働くことで厚生年金は増えます。ですから、特別支給の老齢厚生年金が減ったとしても、気にせずに働くほうがいいでしょう。

ある一定の対象者は特別支給の老齢厚生年金がもらえる

老齢基礎年金の受給資格期間（10年）があること、厚生年金保険等に1年以上加入している人が対象！

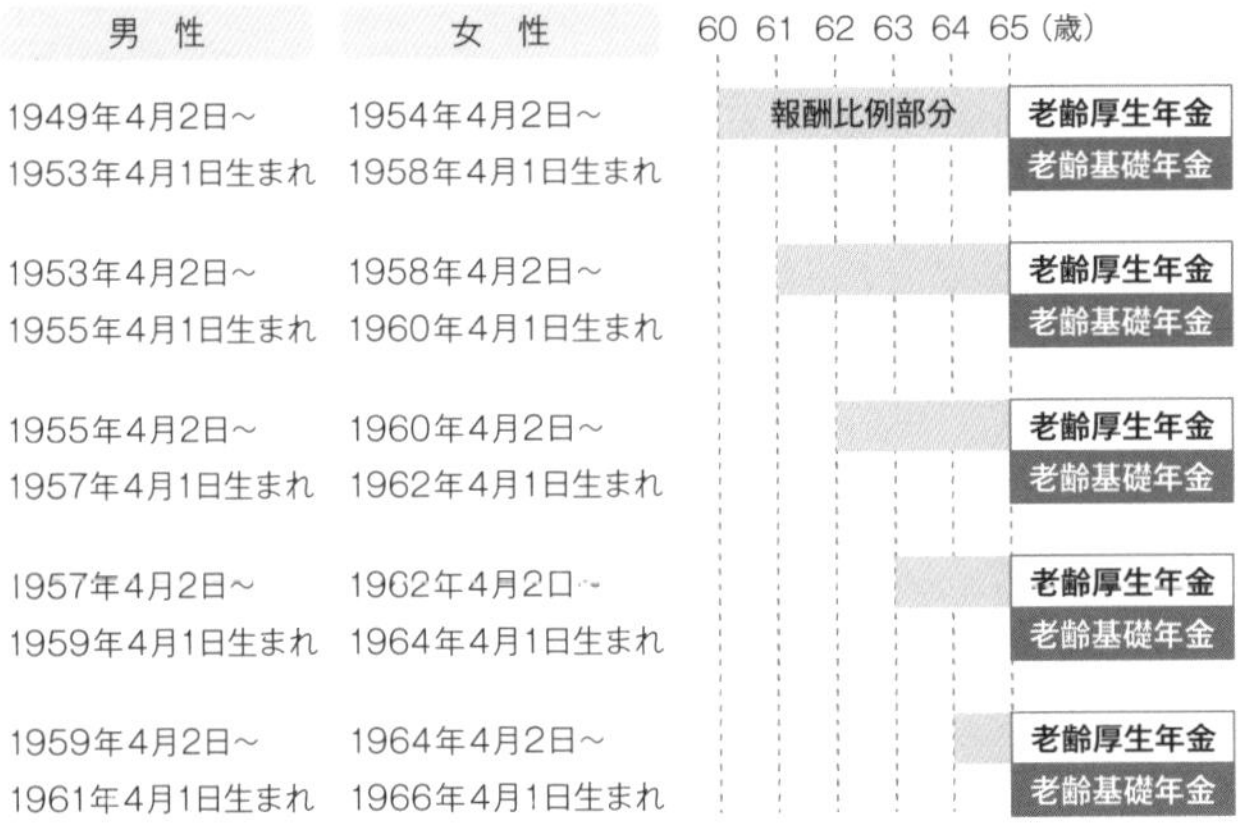

男 性	女 性	60 61 62 63 64 65（歳）
1949年4月2日〜1953年4月1日生まれ	1954年4月2日〜1958年4月1日生まれ	報酬比例部分 ／ 老齢厚生年金・老齢基礎年金
1953年4月2日〜1955年4月1日生まれ	1958年4月2日〜1960年4月1日生まれ	老齢厚生年金・老齢基礎年金
1955年4月2日〜1957年4月1日生まれ	1960年4月2日〜1962年4月1日生まれ	老齢厚生年金・老齢基礎年金
1957年4月2日〜1959年4月1日生まれ	1962年4月2日〜1964年4月1日生まれ	老齢厚生年金・老齢基礎年金
1959年4月2日〜1961年4月1日生まれ	1964年4月2日〜1966年4月1日生まれ	老齢厚生年金・老齢基礎年金

対象者はねんきん定期便に記載あり！
必ず手続きしよう。

高年齢雇用継続基本給付金と特別支給の老齢厚生年金の関係

支給停止割合の額＝現状の賃金×支給停止割合

現在の給料の60歳時点からの低下率	高年齢雇用継続給付の給付率	特別支給の老齢厚生年金の支給停止割合
75%以上	0.00%	0.00%
74.00%	0.88%	0.35%
73.00%	1.79%	0.72%
72.00%	2.72%	1.09%
71.00%	3.68%	1.47%
70.00%	4.67%	1.87%
69.00%	5.68%	2.27%
68.00%	6.73%	2.69%
67.00%	7.80%	3.12%
66.00%	8.91%	3.56%
65.00%	10.05%	4.02%
64.00%	11.23%	4.49%
63.00%	12.45%	4.98%
62.00%	13.70%	5.48%
61%以下	15.00%	6.00%

給料が大きく減るほど高年齢雇用継続給付の給付率は増加する

給料が大きく減るほど特別支給の老齢厚生年金の支給停止割合も増えるが、高年齢雇用継続給付の給付率ほどには減らない

例

60歳到達時の賃金が30万円、現在の賃金が15万円
63歳から特別支給の老齢厚生年金を月額10万円受け取る

15万円×６％＝9,000円
月額の給付金等も含めた総収入は

15万円＋2万2,500円（高年齢雇用継続基本給付金の給付額）＋
10万円（特別支給の老齢厚生年金）－9,000円（年金の支給停止額）＝26万3,500円

会社員として再就職する意欲があれば、失業手当がもらえる

定年退職後に再就職したいものの、退職時点ではまだ仕事が決まっていないときは、**雇用保険の手続き**をすることで失業手当（雇用保険の失業等給付の基本手当）を受け取ることができます。

ただし、失業手当は**新しい仕事を見つけて再就職してもらうために支給される手当**なので、退職後にしばらく休もうと考えている人や、仕事を探さない人は受け取ることができません。ハローワーク（公共職業安定所）で仕事を探し、就職活動をする必要もあります。

失業給付金は人によって給付日数と金額が異なる

失業給付額 （1日あたり）	=	賃金日額 （離職前の6か月間の賃金合計÷180）	×	給付率 およそ45 ～ 80% 離職前の賃金で異なる

退職理由	退職時の年齢	雇用保険の加入期間				
		1年未満	1～5年	5～10年	10～20年	20年以上
会社都合 倒産・リストラなど	30歳未満	90日	90日	120日	180日	－
	30歳以上35歳未満	90日	120日	180日	210日	240日
	35歳以上45歳未満	90日	150日	180日	240日	270日
	45歳以上60歳未満	90日	180日	240日	270日	330日
	60歳以上65歳未満	90日	150日	180日	210日	240日
自己都合 転職・結婚・病気など	65歳未満	－	90日	90日	120日	150日

失業手当を受けるまでの流れ

離職票の提出が
遅れるほど、
失業手当が出るのも
遅くなります。

退職

①ハローワークに離職票を提出

②7日間の待機期間

- 雇用保険の説明会に参加する
  その際、第1回目の失業認定日も決定する

③給付期間制限

- 自己都合退社の場合は2〜3か月
- 定年退職は自己都合扱いになることも！
- 会社都合の場合は給付期間の制限はない

④失業の認定

- 失業認定日ごと（原則4週に一度）に、
  求職活動（月2回以上）の証明をする

⑤支払い期間

- 退職から最大150日間の失業手当を受給できる
- 再就職できた場合、失業手当の給付は終了

ハローワークに提出する書類は事前に準備しよう

- ☑ 離職票1、2（退職から10日程度で会社から送られてくる）
- ☑ マイナンバーが確認できるもの
- ☑ 身分証明書
- ☑ 印鑑
- ☑ 写真2枚（正面上半身で、タテ3.0cm×ヨコ2.5cm）
- ☑ 本人名義の預金通帳もしくはキャッシュカード

65歳以降は「高年齢求職者給付金」の受け取りが可能に！

失業手当の対象となるのは、64歳までの人です。65歳以上の人が離職し、再就職先を探す場合には失業手当ではなく「高年齢求職者給付金」がもらえます。

高年齢求職者給付金の金額の計算方法は失業手当と同じです。しかし、高年齢求職者給付金の支給日数は**雇用保険の被保険者期間が1年未満の場合30日分、1年以上の場合でも50日分**と、失業手当よりも少なくなっています。失業手当よりも日数が少ない分、もらえる金額は少なくなります。

65歳未満で会社を辞めたあとにもらえる手当

60歳で自己都合で退職しました！

	失業手当（雇用保険の基本手当）
対象年齢	**60 ～ 64**歳
支給金額	退職前の賃金日額の**45 ～ 80**%
給付日数	**90**日～ **150**日 （退職時の年齢・理由によって異なる）
基本手当日額	**2,061**円～ **7,096**円
支給方法	**4**週に一度の認定ごと
年金の併給	不可能

65歳以上で会社を辞めたあとにもらえる手当

65歳で退職しました！

給付期限は離職日の翌日から1年なので、早めに申請を！

	高年齢求職者給付金
対象年齢	65歳以上
支給金額	賃金日額の50～80%
給付日数	30日または50日
基本手当日額	2,061円～6,760円
支給方法	一括
年金の併給	可能

給付日数の違いはなにで判断される？

雇用保険の被保険者期間	1年未満（6か月以上の加入要）	1年以上
支給日数	30日分	50日分

マルチジョブホルダー制度（→P108）により、複数の事業所で働く人でも雇用保険に加入しやすくなっています。

例

賃金日額1万3,000円・雇用保険の被保険者期間1年以上の人の高年齢求職者給付金額

1万3,000円×50%=6,500円（基本手当日額）
6,500円×50日分=32万5,000円

「失業手当とは異なり、初回の認定日後に一括支給される」

失業保険の年齢は、実際の誕生日の「前の日」に上がる

失業手当が受け取れるのは64歳まで。65歳からは失業手当ではなく、高年齢求職者給付金がもらえます。しかし、失業手当は最長２４０日分受け取れるのに対し、高年齢求職者給付金は30日または50日分しか受け取れません。つまり、**失業手当を受け取ったほうが有利**なのです。

失業手当を受け取るには、65歳になるまでに退職すればいいのですが、特別支給の老齢厚生年金をもらう場合や、老齢年金の繰り上げ受給をする場合には、失業手当の手続きをすると老齢年金の支給が停止されてしまいます。したがって、**「64歳11か月」に退職するのがベストタイミング**です。

ただし、法律では誕生日の前日に年齢が上がるルール。「64歳で退職した」とするなら誕生日の前々日までに退職しないといけない点に注意しましょう。また、会社によっては65歳を待たずに退職することで**退職金や賞与が少なくなってしまう**ことがあるので、事前に会社に確認しておきましょう。

POINT

- 失業手当は老齢厚生年金などと一緒に受け取ることができない
- 誕生日の前々日までに退職すると、退職の理由は自己都合

高年齢求職者給付金っていくらもらえる？

賃金日額（w円）※1	給付率	基本手当日額（y円）
2,577円以上4,970円未満	80%	2,061円～3,975円
4,970円以上12,240円以下	80%～50%	3,976円～6,120円 ※2
12,240円超13,520円以下	50%	6,120円～6,760円
13,520円（上限額）超	―	6,760円（上限額）

※1　退職前6か月の賃金合計を180で割った金額
※2　$y=0.8w-0.3\{(w-4,970)/7,270\}w$

失業手当と高年齢求職者給付金、どっちがおトク？

ケース① 賃金日額1万円の人が64歳11か月で退職

失業手当をもらいます

基本手当の給付期間　150日間

4,900円×150日=**73万5,000円**

ケース② 賃金日額1万円の人が65歳で退職

高年齢求職者給付金
をもらいます

基本手当の給付期間　50日間

5,924円×50日=**29万6,200円**

失業手当と高年齢求職者給付金では、**44万円もの差**が出る！

職業訓練を受けるメリットが大きいこれだけの理由

再就職のためにスキルアップしたい場合に役立つのが職業訓練です。失業手当を受給している人は、**公共職業訓練**を受けることができます。

公共職業訓練の科目は情報処理、建築、電気、Webデザインなどさまざま。受講期間はおおむね3か月から2年となっています。受講料は無料(別途教材費など、実費負担あり)。自費で専門学校に通うより費用負担が少なくて済みます。

公共職業訓練のメリットで大きいのが、**失業手当がもらえる期間が延長される**ことです。60歳以上65歳未満の場合、失業手当の給付日数は90~240日(雇用保険の被保険者期間により異なる)ですが、公共職業訓練を受けている間は、その訓練終了日まで失業手当の支給が延長されます。

また、公共職業訓練では1日500円(上限2万円)がもらえる「**受講手当**」、最高4万2500円がもらえる「**通所手当**」、月額1万700円がもらえる「**寄宿手当**」など、金銭的なサポートを受けつつスキルが身につけられます。

POINT

- お金をかけずにスキルや知識が身につく
- それどころか、通っているとお金までもらえてしまう

技術を身につけながら、手当も受けられる

メリット1 失業手当が延長される

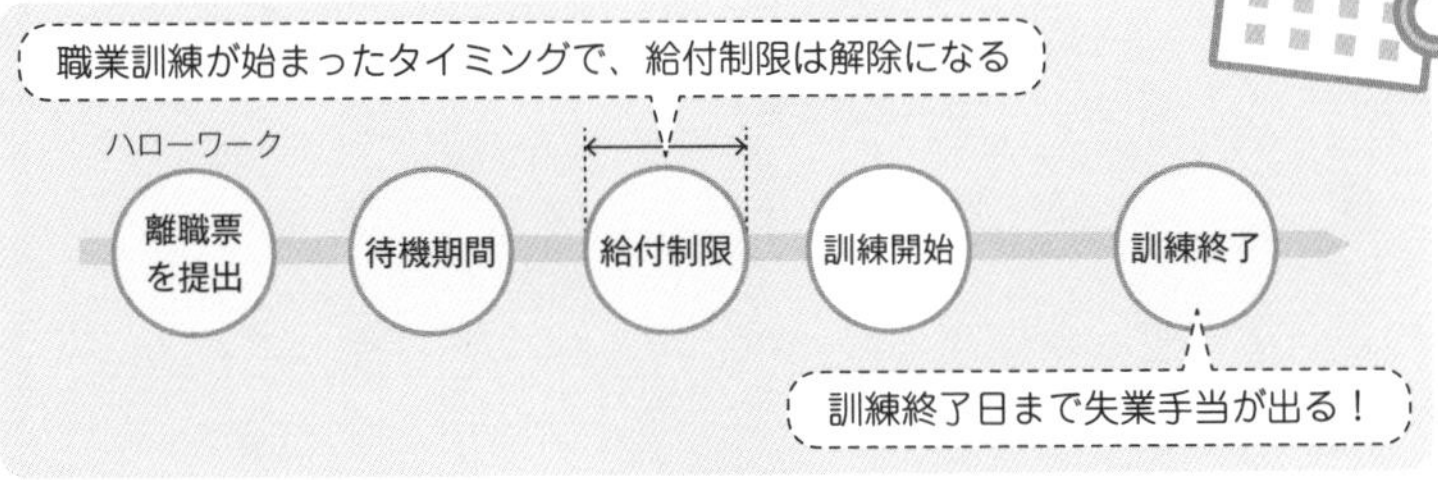
職業訓練が始まったタイミングで、給付制限は解除になる
ハローワーク
離職票を提出
待機期間
給付制限
訓練開始
訓練終了
訓練終了日まで失業手当が出る！

メリット2 失業手当以外の手当がもらえる

- 受講手当
- 通所手当
- 寄宿手当

メリット3 ほぼ無料でスキルが身につく！

- CAD・NC加工
- 自動車整備
- Webデザイン
- システム設計
- トラックドライバーになるための運転免許取得支援　など

受講しない人、した人でどのくらい差が出る？

条件　●失業手当で日額6,000円、240日間受け取れる人が受講しない・する場合

ケース① 受講しなかった場合

とりあえず、
失業手当だけもらいます

6,000円×240日＝**144**万円

ケース② 受給期間を100日残して6か月（180日）の公共職業訓練を受講

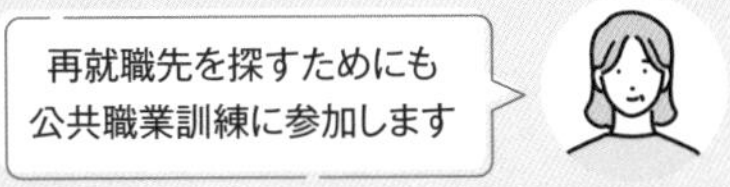
再就職先を探すためにも
公共職業訓練に参加します

6,000円×（240日－100日＋180日）
＝**192**万円

受講の有無で48万円もの差が出る！

65歳から複数の職場を掛け持ちする人も「雇用保険に加入できる」

複数の事業所に勤務する65歳以上の労働者が雇用保険に加入できる制度に「**マルチジョブホルダー制度**」があります。「65歳以降は複数の職場で働きたい」「65歳以降も雇用保険に加入したい」という人に適した制度です。

以前は、雇用保険に加入するには、主に働いている勤め先で「1週間の所定労働時間が20時間以上」「31日以上の雇用見込み」がある必要がありました。その点マルチジョブホルダー制度では、「**65歳以上で、2つ以上の事業所に雇用されていること**」「**複数の事業所での1週間の所定労働時間が合計20時間以上であること**」「**雇用見込みが31日以上であること**」を満たしていれば、雇用保険に加入できます。これにより、複数の事業所で働く人でも雇用保険に加入しやすくなります。また、一定の要件を満たせば、失業後には高年齢求職者給付金の受け取りができるようになります。

なお、マルチジョブホルダー制度の利用手続きは労働者本人がハローワークに「**雇用被保険者資格取得届**」を提出して行います。

POINT

- 「2か所以上で」働きたい人にうれしい改正
- 失業時には高年齢求職者給付金が受けられることも

マルチジョブホルダーは 4つの加入条件を満たす必要あり

1. 65歳以上
2. 2つ以上の事業所に雇用される
3. 31日間以上の雇用見込みがある
4. 1週間の所定労働時間が20時間以上

つまりこんな働き方も可能！

3月　20××年

日曜日	月曜日	火曜日	水曜日	木曜日	金曜日	土曜日
1	2	3	4	5	6	7
休み	B社 9：00～13：00	A社 9：00～13：00	B社 8：00～12：00	A社 9：00～13：00	A社 9：00～14：00	休み
8	9	10	11	12	13	14

B社　1週間の労働時間　8時間　　A社　1週間の労働時間　13時間

これだけで21時間！ 1日あたり数時間ずつ働くだけでOK！

マルチジョブホルダーは申請も簡単！

1. 勤め先から必要書類を入手する
2. ハローワークに必要書類を提出して申請
3. ハローワークから届く書類を保管

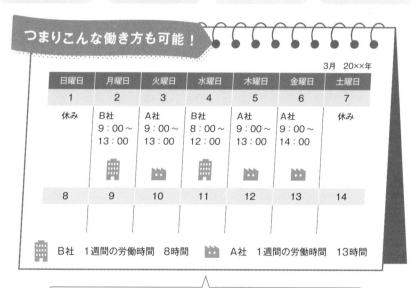

個人事業主でいくか、法人にするか。トータルコストが安いのは？

個人事業主のなかには、法人を設立しようと考える方もいます。法人化すると、**事業の信用が高まります**。取引先を法人に限定している企業とも事業ができますし、金融機関の融資を受けやすくなります。

また、法人化すると**節税につながる**可能性があります。たとえば、個人事業主の所得税の税率は所得に応じて5～45%ですが、法人税の税率は15～23・2%。**課税所得が１０００万円を超えると、法人のほうが有利**になる場合があります。そのほか、給与や退職金・社会保険料・生命保険料・欠損金の扱いなどの点で法人のメリットが大きくなります。

しかし、まずは個人事業主でスタートしてはいかがでしょうか。個人事業主はすぐにスタートできますし、初期費用もかかりません。所得が少ないうちは、法人よりも税金・社会保険料を抑えられます。**事業が軌道に乗ってきたら、法人化を検討**すればいいでしょう。

POINT

- 個人事業を法人化して得られるメリットは大きく2つ
- 課税所得が少ないうちは個人事業主のほうが税額が少なくて済む

法人のほうが最初は手間がかかる

個人事業主

税務署に開業届を提出するだけで
スタートできる

初期費用0円！

法　人

法務局で法人登記をする。
定款などの書類を準備する必要あり

初期費用20 ～ 25万円

個人事業主と法人の会計・経理の主な違い

会計・経理	個人の確定申告	法人決算書・申告 （税理士が必要なことが多い）
かかる税金	所得税 （5 ～ 45%。所得が多いと増える） 個人住民税 消費税 個人事業税	法人税 （15 ～ 23.2%。所得税より税率の上昇幅が少ない） 法人住民税（赤字でもかかる） 法人事業税 消費税 など
経費	**事業にかかる費用**は経費にできる	個人事業主よりも**経費の範囲が広い** （事業の費用のほか自分の給与や賞与、退職金なども経費にできる）
赤字の繰越	**3年**（青色申告をした場合）	**10年**
生命保険	所得控除の対象（年**12**万円まで）	契約内容によっては **半額から全額**を経費にできる
社会保険 （従業員分含む）	5人未満の場合、事業者負担分なし	事業者負担分あり（労使折半）

インボイス制度で免税事業者は新たな負担を強いられる

2023年10月から導入されるインボイス制度は、登録を受けた「課税事業者」のみが**インボイス（適格請求書）**を発行できる制度。消費税の納税が免除される「免税事業者」との取引では**消費税を控除（仕入税額控除）できなくなる**ため、免税事業者と取引をしない取引先が出てくる可能性があります。免税事業者のままだと、仕事が減る可能性があるというわけです。課税事業者の登録も法人化も手間は大差ないため、今後は法人が優勢になるでしょう。

インボイス制度に対応できないと納税額に差が出る

ケース① インボイスの交付を受けた

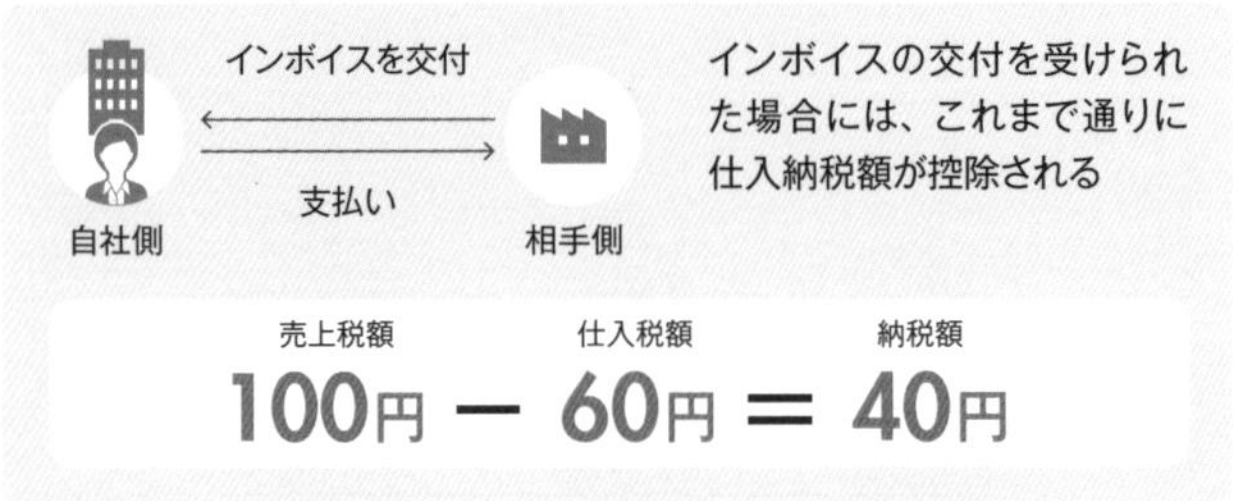
インボイスを交付
支払い
自社側
相手側
インボイスの交付を受けられた場合には、これまで通りに仕入納税額が控除される
売上税額
仕入税額
納税額
100円 － 60円 ＝ 40円

ケース② インボイスの交付が受けられなかった

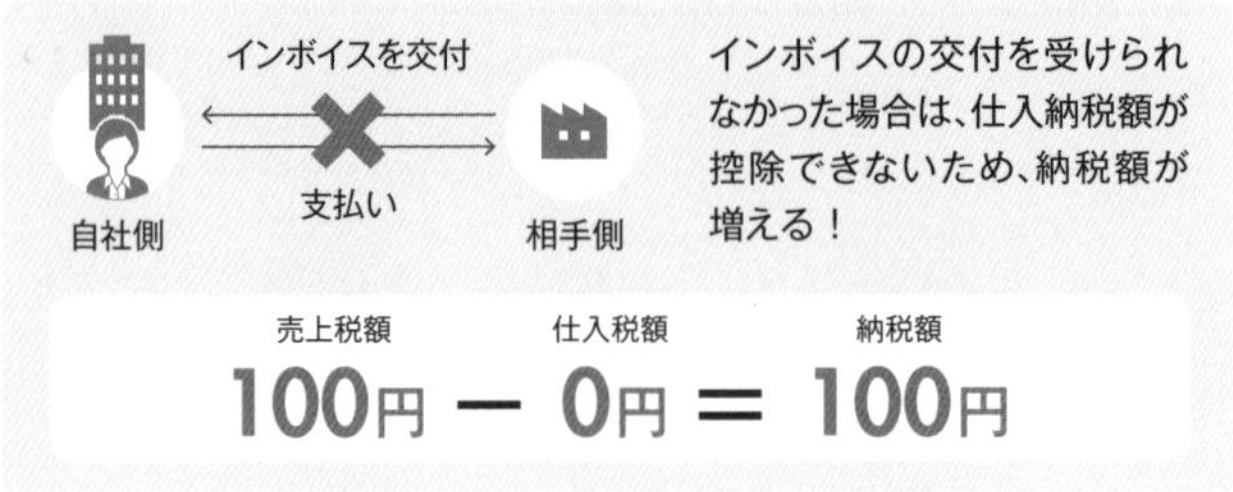
インボイスを交付
支払い
自社側
相手側
インボイスの交付を受けられなかった場合は、仕入納税額が控除できないため、納税額が増える！
売上税額
仕入税額
納税額
100円 － 0円 ＝ 100円

1,000万円を超えると、法人のほうが有利

例　1,000万円の売上・400万円の経費がある個人事業主と法人
個人事業主と法人（役員報酬600万円）で税額を算出

（万円）

		個人事業主	法人	
			会社	会社の社長
売上		1,000	1,000	
経費	役員報酬		600	600
	事業の経費等	400	400	
	給与所得控除			164
所得（または損益）		600	0	436
所得税（または法人税）		40.0	0	20.1
住民税（または法人住民税）		42.4	7.0	30.8
税額合計		82.4	57.9	

税額の合計は法人のほうが約25万円少なくなった！

※個人事業主は基礎控除、社会保険料控除、青色申告特別控除（65万円）を考慮して計算
　社会保険料控除に含まれる国民健康保険は東京都文京区の料率で計算
※会社の社長は基礎控除、社会保険料控除を考慮して計算

税金面では、1,000万円の売り上げで法人にするかどうかの線引きがありますが、インボイス制度が始まることを考えると、今後ははじめから法人にしておくほうが無難でしょう。

年金としてだけでなく、退職金がわりにもなる小規模企業共済

個人でも法人でも、もしものときに備えて小規模企業共済に加入しましょう。小規模企業共済は、個人事業主や小規模な企業の経営者・役員などがお金を積み立てることで、将来事業を廃止したときの「退職金」が作れる制度です。掛金は**月々1000円〜7万円**までで、500円単位で設定可能です。

小規模企業共済はiDeCo（136ページ参照）と同様、掛金が全額所得控除の対象にできるため、**所得税や住民税を減らすことができます。**また、資金繰りが厳しいときや病気やケガをしたときにも貸付制度があるため、万が一のときにも役に立ちます。掛金納付月数が20年（240か月）未満で途中解約すると元本割れしますが、廃業する場合は**6か月以上加入していれば元本割れしません。**

小規模企業共済はiDeCoと併用することもできます。個人事業主でも会社設立でも、まずは小規模企業共済を最優先で活用し、余裕があればiDeCoも利用するのがおすすめです。

POINT

- 500円刻みで設定でき、掛金は全額所得控除
- 小規模企業共済を最優先で活用し、余裕があればiDeCoと併用するのがおすすめ

個人事業主でも法人でも節税効果が大きくなる！

iDeCoとの併用可！

加入資格

従業員20名（商業とサービス業は5名）以下の個人事業主・会社の役員

掛金

- 1,000 ～ 7万円（500円単位で自由に選択可）
- 掛金額の変更も可能
- 全額が所得控除の対象（最大年84万円も控除できる）

受取時

- 廃業したとき、または65歳以上で180か月以降払い込んだときに受け取ることができる
- 退職所得控除・公的年金等控除の対象になる！

利率の低い貸付制度も役に立つ！

貸付制度

- 一般貸付制度（利率年1.5％）
- 緊急経営安定貸付（利率年0.9％）
- 傷病災害時貸付（利率年0.9％）

運用利率

- 掛金納付から25年目まで　1.5％
- 26年目以降　1.5～1.0％（段階的に減少）
- 35年目以降　1.0％

途中解約

- 可能（240か月未満での任意解約は元本割れ）

個人事業主

掛金を全額所得控除にできる

節税効果が大きい！

法　人

掛金を全額所得控除にできる

「青色申告」には、税金上のメリットがたくさん！

確定申告には「白色申告」と「青色申告」の2種類があります。誰もが利用できるのは白色申告ですが、**個人事業主になるなら青色申告がおすすめ**です。

青色申告を行うと、必要経費を差し引いた所得からさらに最大65万円の「**青色申告特別控除**」を受けることができます。

複式簿記という形式で帳簿を作り、確定申告の期限内にｅ-Ｔａｘ（国税電子申告・納税システム）で電子申告するか、**電子帳簿を保存する形式で確定申告**をすれば65万円、電子申告・電子帳簿を利用しない場合は55万円が控除できます。また、複式簿記でない場合でも10万円の控除があります。これらの控除は、白色申告では受けられません。

「複式簿記なんて難しそう」という人もいるでしょう。しかし今は「ｆｒｅｅ（フリー）」「マネーフォワードクラウド会計」などのソフトを利用すれば、記帳に不安のある人でも簡単に申告ができるようになっています。

POINT

- 最大65万円の控除が受けられる
- 損失分を３年間繰り越していける

e-Taxによる青色申告がもっとも税額を減らせる

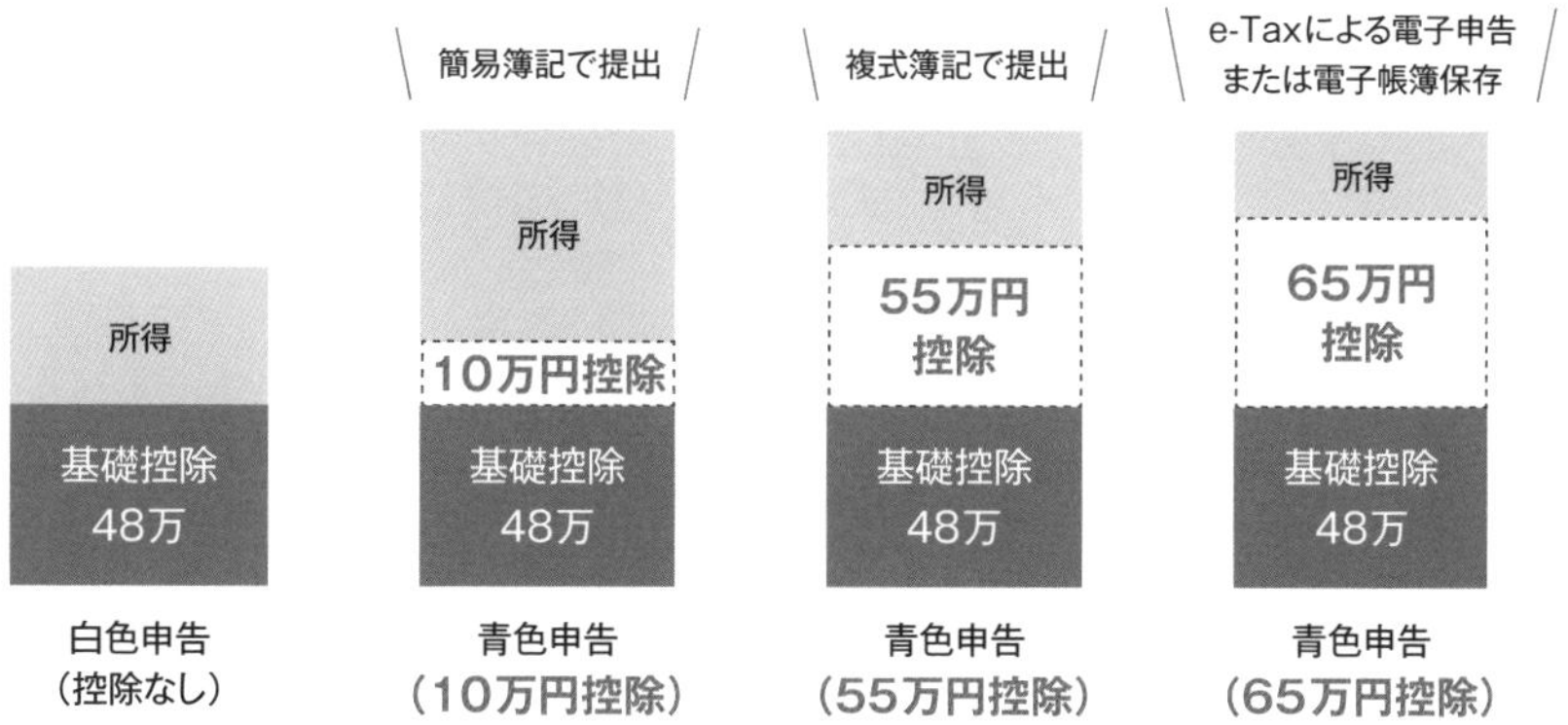

青色申告には3つのメリットがある

メリット 1 損失の繰越控除で赤字を3年間繰り越せる

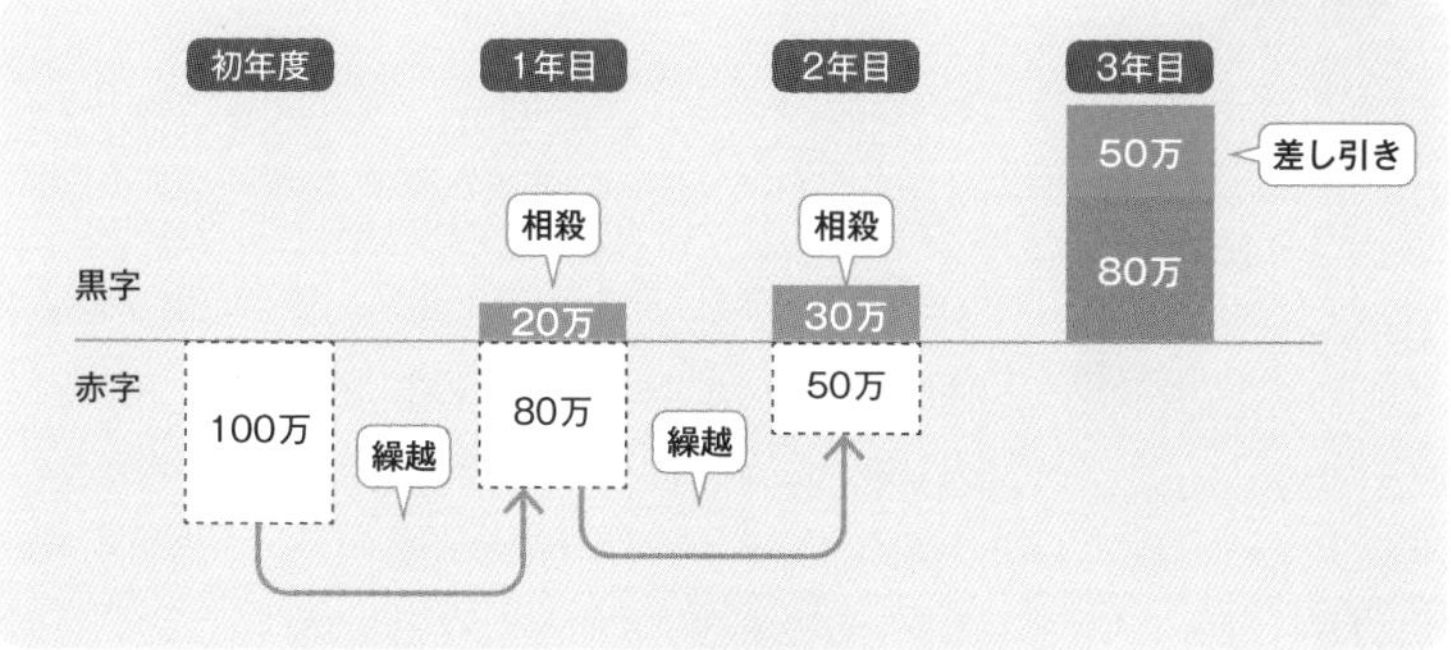

メリット 2 家族に給料を支払える

年間103万円まで所得税がゼロ！

メリット 3 30万円まで一括で経費に！

仕事で購入した備品代が
30万円までなら経費にできる！

COLUMN

退職後、申請すればもらえる19のお金

失業等給付には、大きく分けて「求職者給付」「就職促進給付」「教育訓練給付」「雇用継続給付」の4種類があります。

①求職者給付	一般被保険者に対する求職者給付	基本手当	64歳までの求職者がもらえる
		技能習得手当（受講手当・通所手当）	公共職業訓練などを受講するときにもらえる
		寄宿手当	公共職業訓練を受講する際、家族と別居して寄宿するときにもらえる
		傷病手当	病気やケガで就職できないときにもらえる
	高年齢被保険者に対する求職者給付	高年齢求職者給付金	65歳以上の求職者がもらえる
	短期雇用特例被保険者に対する求職者給付	特例一時金	短期雇用特例被保険者だった人がもらえる
	日雇労働被保険者に対する求職者給付	日雇労働求職者給付金	日雇労働被保険者だった人がもらえる
②就職促進給付	就業促進手当	就業手当	再就職手当の対象にならない再就職者がもらえる
		再就職手当	基本手当の支給残日数が一定以上の再就職者がもらえる
		就業促進定着手当	退職前より再就職後の賃金が低い人がもらえる
		常用就職支度手当	障害などがある人が就職したときにもらえる
		移転費	就職や公共職業訓練で引っ越すときにもらえる
		求職活動支援費	所定の求職活動をしている人がもらえる
③教育訓練給付		教育訓練給付金	所定の教育訓練を受講・修了した人がもらえる
		教育訓練支援給付金	所定の教育訓練を受講・修了した人がもらえる
④雇用継続給付	高年齢雇用継続給付	高年齢雇用継続基本給付金	同じ会社に再雇用され、給与が減った人がもらえる
		高年齢再就職給付金	違う会社に再就職し、給与が減った人がもらえる
	育児休業給付	育児休業給付金	育休を取得して休業した人がもらえる
	介護休業給付	介護休業給付金	家族の介護で休業した人がもらえる

Chapter
5

iDeCoとNISAで作る「じぶん年金」

老後資金２０００万円あれば、「ゆとりある老後」が送れる？

会社員・公務員の夫（妻）と専業主婦（夫）の夫婦がもらえる年金額は、**平均月額22万円**です。一方、生命保険文化センターの調査によると、老後の生活費にゆとりを上乗せした「ゆとりある老後生活費」は**平均月額約38万円**。この16万円の上乗せを20年間用意するとなると、年金とは別に３８４０万円必要になります。仮に、その半分を退職金で用意できたとしても、ゆとりある老後の「２０００万円問題」は存在するのです。

この２０００万円問題を解決するには、**投資の力が欠かせません**。たとえば、50歳から20年間毎月５万円ずつ貯蓄した場合、貯まるお金の合計は１２００万円ですが、毎月５万円ずつ投資して年利５％で増やすことができれば、資産の合計は１８３１万円に増えます。さらに、ＮＩＳＡやｉＤｅＣｏといった、投資の利益が非課税にできる制度を活用すると**２０５５万円となる**計算です。これで２０００万円問題も解決です。お金が足りないからこそ、資産運用に取り組みましょう。

POINT

- ゆとりのある生活を送るには4,000万円必要
- 節税できる投資を使いこなそう

ゆとりある老後の2,000万円問題

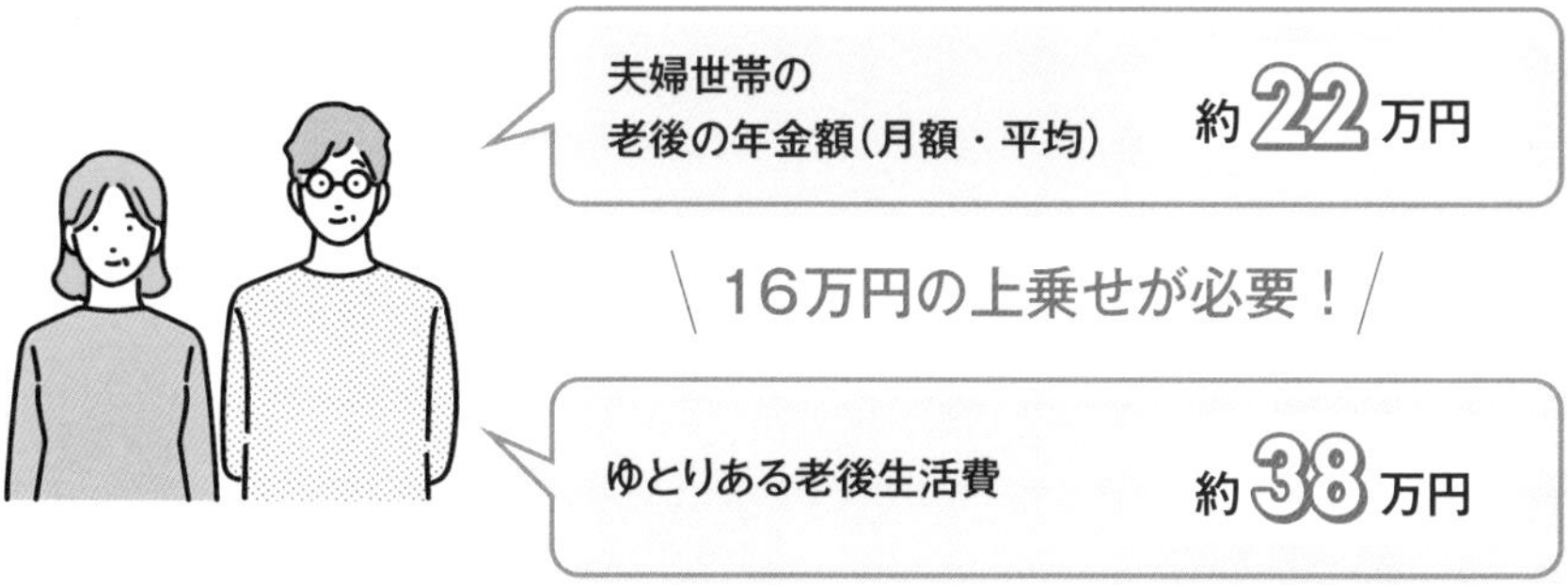

16万円の上乗せ×20年間=3,840万円必要
退職金で約2,000万円用意できたとしても、あと2,000万円不足する…

投資の力を借りれば2,000万円は作れる

例　50歳から毎月5万円ずつ「貯蓄」「年利5%で投資」「年利5%で非課税投資」を20年続けた場合の金額

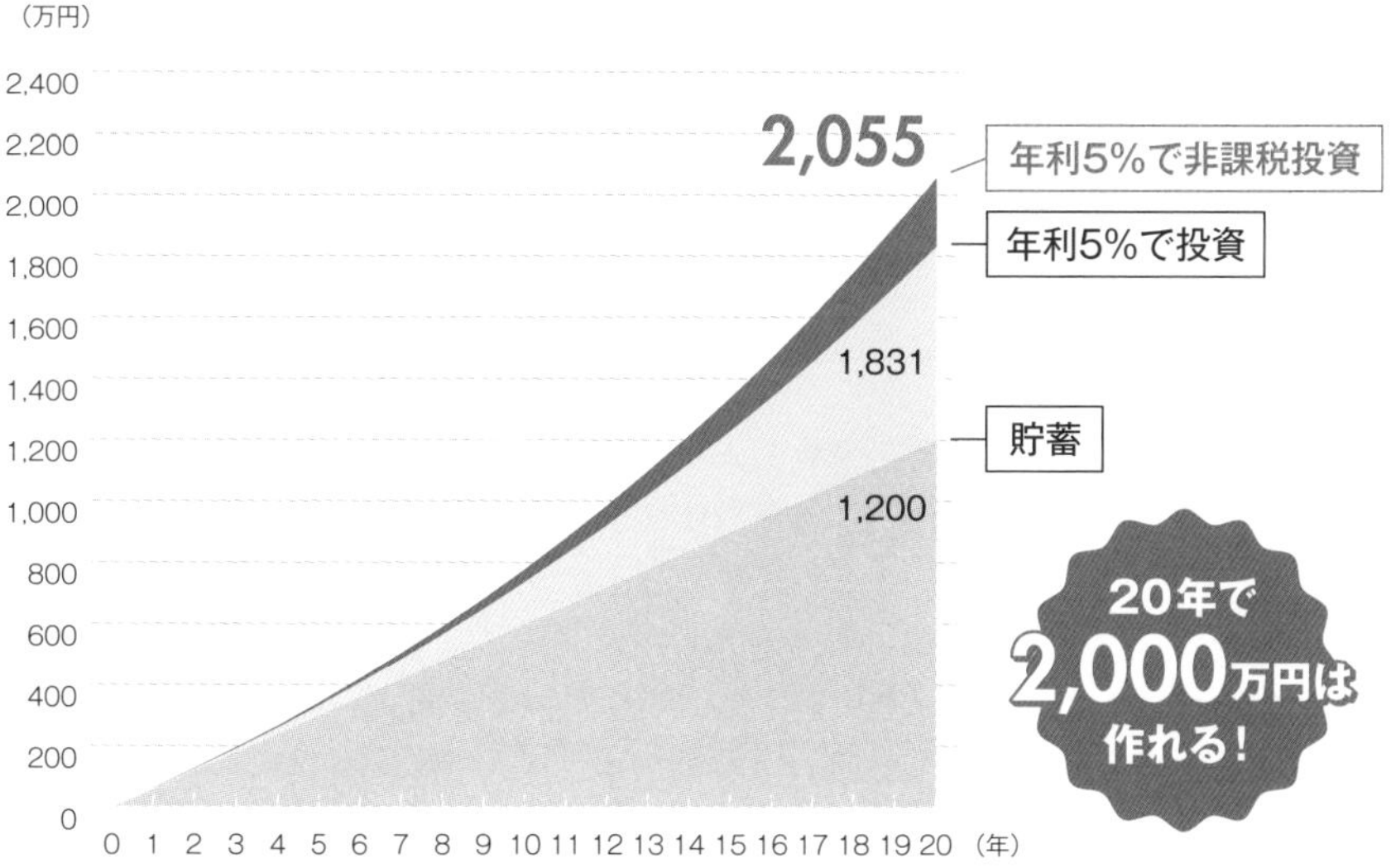

定年に向けて考えるお金のこと

定年まで

投資で資産を増やす

老後のお金を増やすためには、お金を働かせて増やす（投資する）ことも、なるべく早くスタートさせたいところです。なぜなら、投資は、コツコツ長く続けるほど、お金を堅実に増やせるからです。

ぜひ取り入れてほしいのが、iDeCoやNISAなど、節税しながら資産運用ができるしくみです。資産運用をすることでお金を増やせますし、本来かかる税金を節約できるので支出も抑えられます。

老後資金を堅実に増やしたいなら

iDeCoを始める

P136 >

効率よくお金を増やしたいなら

NISAを始める

P126 >

定年時

退職金を上手に使う

退職金の使い方には要注意。一気に大金が手に入ったことで、ハイリスクな投資に一点集中してしまう人や、住宅ローンなどの一括返済をしてしまう人も……。すでに資金が充分にある！　という方なら、それでもOKですが、基本的にはおすすめしません。

退職金をどう振り分けるかが、老後の生活を支える基盤になります。

P148 ＞

定年後

資産取り崩しの計画を立てよう

運用を通じて資産を長持ちさせることはもちろん大切ですが、晩年、お金を使いたくても使えない時期までずっとお金を貯め込んでおく必要はありません。仮に亡くなったときに1,000万円の資産が残っていたら、その1,000万円の資産でできたはずの経験ができなかった、ともとらえることができます。

あの世にお金は持っていけません。元気なうちに計画的に取り崩して使っていったほうが、結果として豊かな生き方につながるでしょう。

P154 ＞

合言葉は

「前半は定率、
後半は定額！」

投資はコツコツ長く続けるほど、お金を堅実に増やせる

投資はやり方次第でギャンブルにも堅実にお金を増やす武器にもできます。しかし、ギャンブルのような投資をしてお金を減らしてしまったら、挽回は難しくなります。これから目指す投資は、**長い時間をかけて投資を行う「長期」**、**定期的に一定額の投資を続ける「積立」**、**値動きの違う複数の商品に分けて投資する「分散」**の考え方を生かした、堅実にお金を増やす投資の王道です。

長期にわたって積立投資を続けると、**ドルコスト平均法**の効果によって平均購入単価が下がるため、少しの値上がりでも利益を出しやすくなります。

また、資産は安定的に運用する「コア」と、積極的に運用する「サテライト」に分ける「**コア・サテライト戦略**」を実践。資産を複数の金融商品に分散することで、どれかが仮に値下がりしてもダメージを軽減できます。

金融商品の価格は日々値動きしています。この値動きとうまく付き合うには、堅実な投資に坦々と取り組むしかありません。

POINT

- 投資の基本は「長期」「積立」「分散」
- 負けにくい戦略で未来のお金を作る

コア・サテライト戦略で資産を守りながら増やす

コア・サテライト戦略…資産を守りの資産（コア）と攻めの資産（サテライト）に分けて運用する投資の戦略

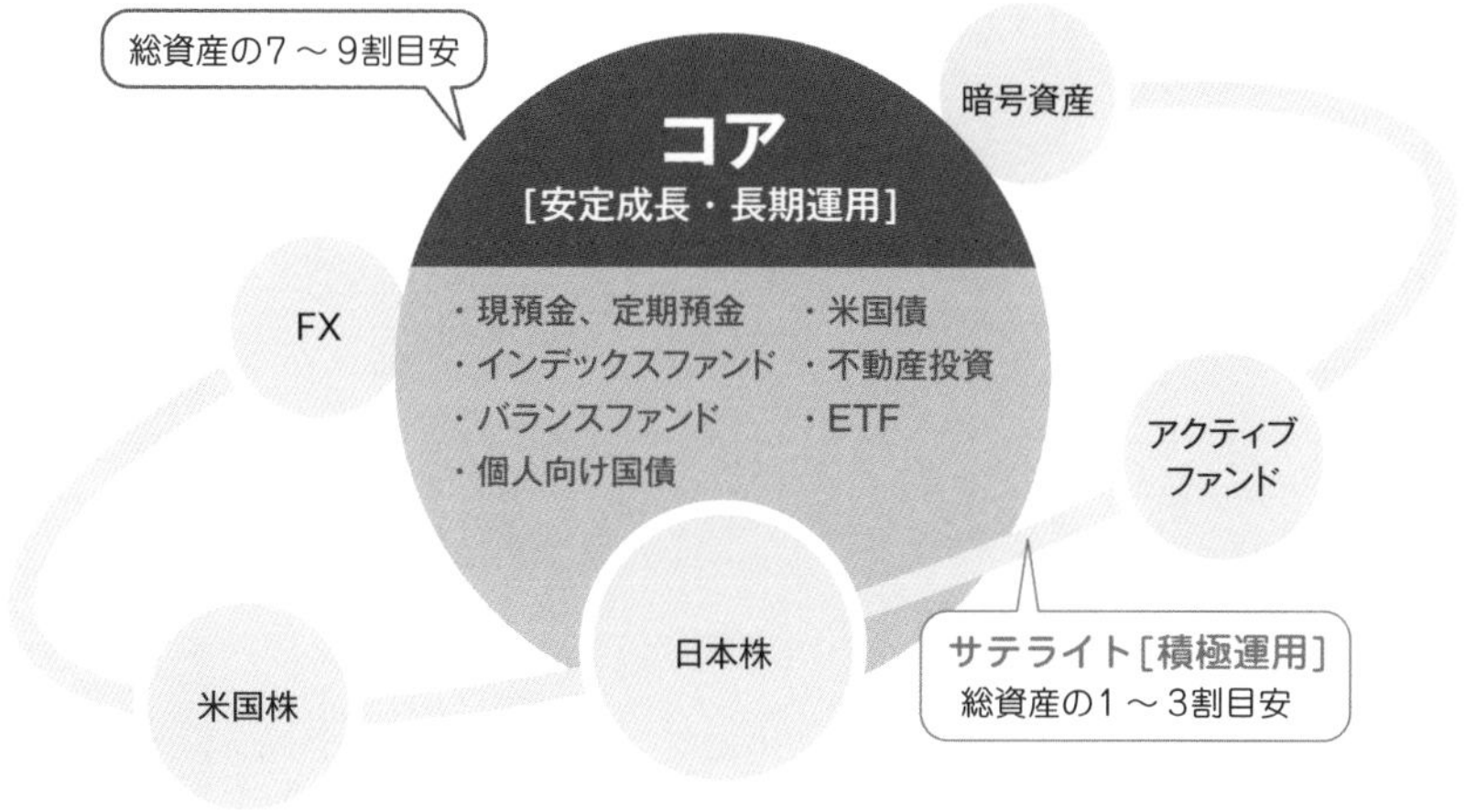

コア資産を作ったうえでサテライト資産を組み合わせよう

コアとサテライトは役割が異なる

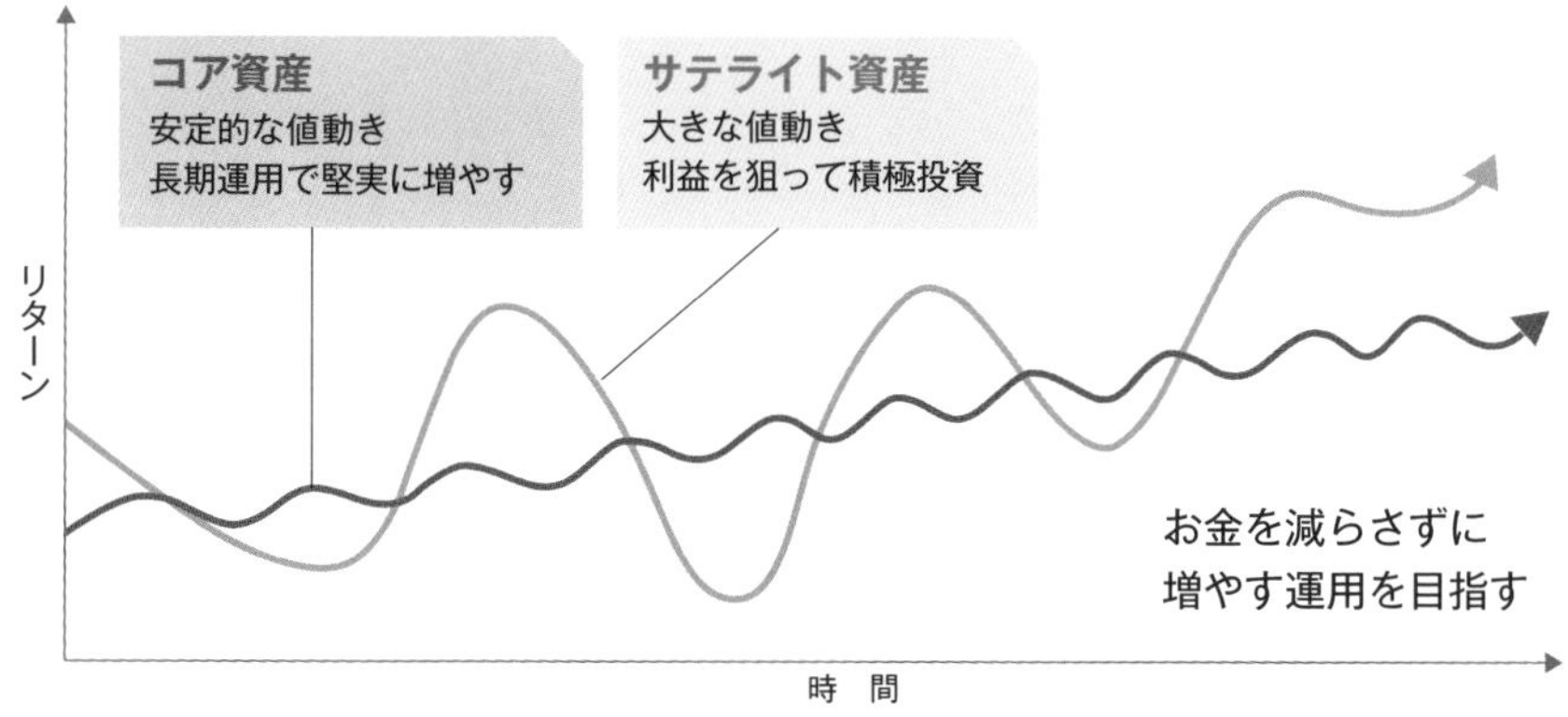

NISAなら「利益にかかる税金」をゼロにできる

投資の利益には、通常**20・315%の税金**がかかります。この税金をゼロにして、効率よくお金を増やせる制度がNISA（ニーサ・少額投資非課税制度）です。たとえば、投資で100万円の運用益が出たとします。仮に、この投資を課税口座（特定口座または一般口座）でしていたとしたら、支払う税金は20万3150円。税引後の利益（手取り）は80万円に満たない額になってしまいます。

その点、NISA口座で投資をしていたら、100万円の運用益が出ても支払う税金はゼロですから、**100万円が丸ごともらえます。**税金がかからない分利益が大きくなり、お金を効率よく増やすことができます。

また、NISA口座で得られた利益はもちろん非課税ですので、確定申告など、**税金の手続きをする必要もありません。**ただし、仮にNISA口座で損失が出た場合でも、課税口座の利益と相殺する「損益通算」や、損失を翌年以降に繰り越して相殺する「繰越控除」はできないことも押さえておきましょう。

POINT

- 課税口座で資産運用するよりも、効率よく増やすことができる
- 引き出し制限はないので、自由に解約可能

NISAで投資できる金融商品

投資信託	国内外のETF
国内外のREIT	国内外の株式

日本だけでなく、
世界経済の成長の恩恵を
受けられる！

NISAは3つの利益が得られる

1 値上がり益
買ったときより高く売ると
差額が儲けになる

2 分配金・配当金
利益の一部が
還元される

3 株主優待
製品の詰め合わせや
商品券がもらえる
※株式投資のみ。
株主優待がない企業も多い

通常20.315%の税金がかかるがNISAならすべてゼロになる！

NISAは投資枠内なら自由に投資できる

毎年の投資枠の金額（120万円）

※一般NISAの場合。2024年度からNISAは制度が大幅に改正される(→P130)

一括でもOK	複数商品に分けてもOK	使い切らなくてもOK
120万円	80万円 / 30万円 / 10万円	50万円 / 利用しない

利用しなかった分を翌年に繰り越すことはできない

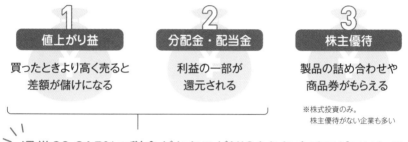

一般NISAとつみたてNISA、どちらを使うほうがいい?

2023年時点で18歳以上の方が利用できるNISAには、一般NISAとつみたてNISAがあります。それぞれ、**年間の投資金額の上限や運用できる商品、投資の方法などが異なります**。現行NISAは1人1口座しか持てないため、どちらかを選ぶ必要があります。長期・積立・分散の考え方からすると、**つみたてNISAのほうがいい**でしょう。つみたてNISAは、金融庁の一定の基準を満たした約200本の投資信託・ETF(上場投資信託)に積立投資して、堅実にお金を増やせる制度です。

金融庁によると、資産や地域を分散した積立投資を20年間行った場合、**年率の収益率は2~8%の間に収まった**と紹介されています。もちろん、今後の成果を保証するものではありませんが、長期間投資を行うことで、値下がりのリスクを抑える効果があることがわかります。

なお、一般NISA・つみたてNISAの新規の買い付けは2023年で終了し、2024年からは「**統合NISA**」が始まります(130ページ参照)。

POINT

- NISAは1人1口座しか持てない
- つみたてNISAは金融庁が定める基準を満たした投資信託・ETFのみ購入できる

一般NISAとつみたてNISAの違い

	一般NISA	つみたてNISA
利用できる人	日本に住む18歳以上の方	日本に住む18歳以上の方
非課税となる期間	投資した年から最長5年間	投資した年から最長20年間
年間投資上限額	120万円	40万円
投資対象商品	国内・国外の 上場株式・株式投資信託	金融庁が定めた基準を満たす 投資信託・ETF
投資方法	一括購入・積立投資	定期的・継続的な方法のみ （積み立て）
資産の引き出し	いつでも引き出せる	いつでも引き出せる

長期投資で投資のリスクを抑える

例　1985年から2020年の各年に、毎月同額ずつ（積み立て）国内外の株式・債券に投資した場合の運用成果の実績

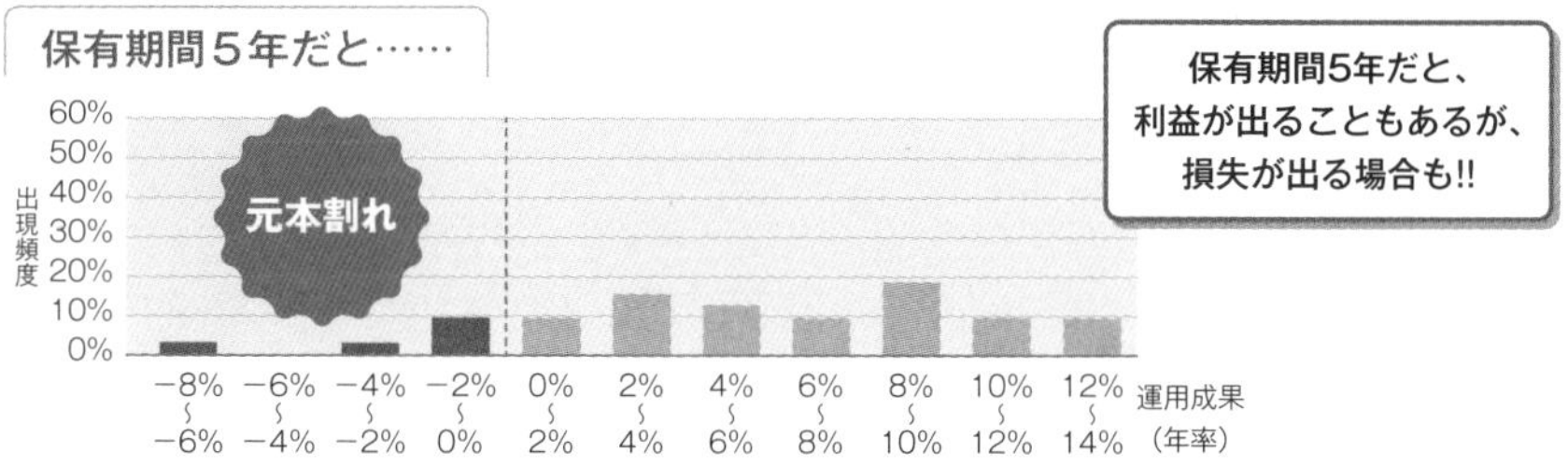

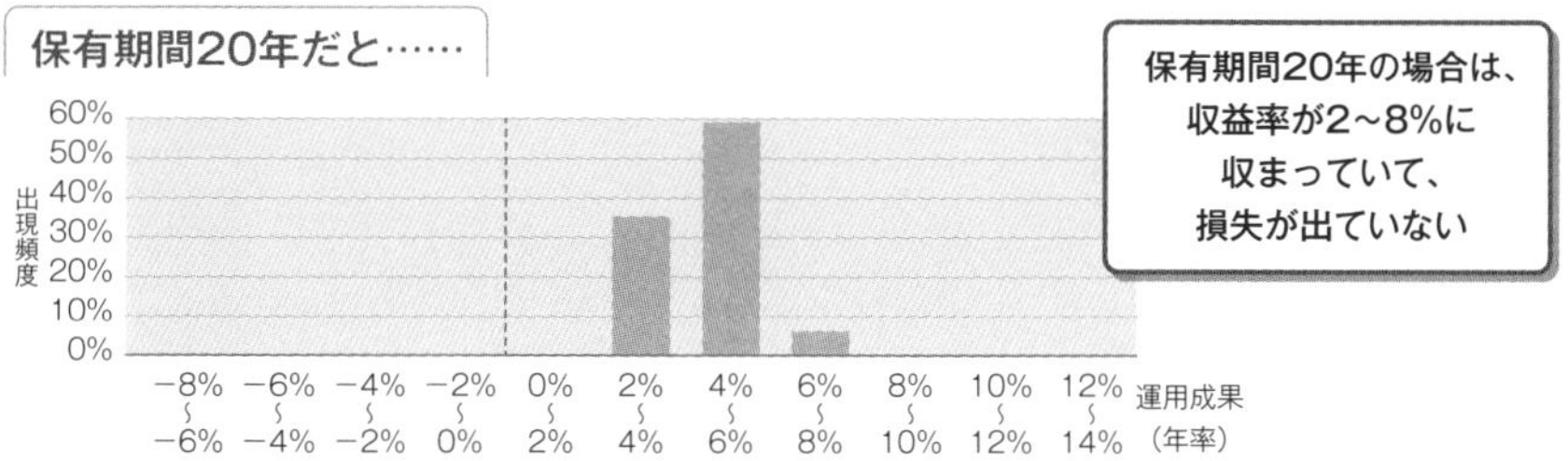

※上記は過去の実績を元にした算出結果であり、将来の投資成果を予測・保証するものではありません。
＊金融庁「つみたてNISA早わかりガイドブック」より作成

新しいNISAは恒久化・無期限化・投資枠増額・併用可

2024年から始まる新しいNISAの制度は、一般NISAとつみたてNISAを合わせたような制度です（本書では「統合NISA」と呼びます）。

統合NISAは**制度が恒久化**されるため、2024年以降いつでも期限を気にせず投資ができます。そのうえ、商品の非課税保有期間も無期限になるため、より長い間非課税の恩恵を受けることができます。

統合NISAでは年間に投資できる金額も増加。つみたてNISAと同様の「つみたて投資枠」で**年120万円**、一般NISAと同様の「成長投資枠」で**年240万円**、そのうえ、両制度の投資枠を併用して合計、年間360万円まで投資できるようになります。

なお、統合NISAでは一人あたり**上限1800万円**（うち成長投資枠1200万円）の「生涯投資枠」が設けられます。生涯投資枠は翌年に復活するため、一度商品を売却しても、再び非課税の投資をすることができます。

POINT

- 現行の一般NISA、つみたてNISAは2023年末で買付終了
- 非課税保有期間は無期限、投資限度額は年360万円に拡大

現行NISAと統合NISAの比較

	現行		[新設] 統合NISA	
	つみたてNISA	一般NISA	つみたて投資枠	成長投資枠
対象年齢	18歳以上		18歳以上	
投資可能期間	2023年末で買付終了		2024年からいつでも（恒久化）	
非課税期間	20年間	5年間	無期限	
年間投資枠	40万円	120万円	120万円	240万円
生涯投資上限	800万円	600万円	買付残高1,800万円（うち成長投資枠1,200万円）	
投資商品	国が定めた基準を満たす投資信託・ETF	上場株式・ETF・REIT・投資信託	国が定めた基準を満たす投資信託・ETF	上場株式・ETF・REIT・投資信託（高レバ投信等除く）
投資方法	積立	一括・積立	積立	一括・積立
両制度の併用	不可		可	
売却枠の再利用	不可		可（投資元本ベースの管理、枠復活は翌年）	

【主な変更のポイント】

POINT 01 NISA制度が恒久化される

POINT 02 生涯投資枠が設けられる

POINT 03 非課税保有期間が無期限になる

POINT 04 つみたて投資枠と成長投資枠が併用できる

POINT 05 年間投資枠が大きく増加する

POINT 06 売却したら空いた枠で再投資ができる

制度改正によりとても使いやすく便利に！
投資をするならまず活用すべき制度になる

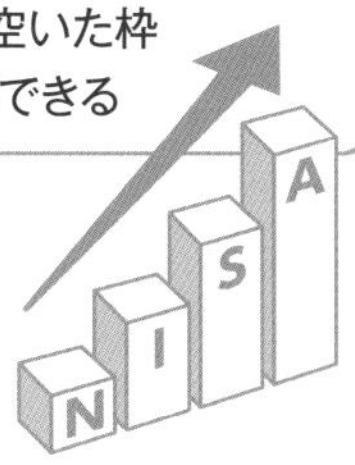

「コア・サテライト戦略」はプロも実践する黄金投資戦略

統合NISAは、コア・サテライト戦略に取り入れて活用しましょう（iDeCoも同様です）。統合NISAのコア・サテライト戦略では、コア資産に**インデックス型・バランス型の投資信託やETF**、サテライト資産に**個別株やアクティブ型の投資信託**を用いて守りながら攻める運用を行います。どちらの資産も、なるべく手数料（保有中にかかる信託報酬）が安いものを選ぶのがおすすめです。統合NISAをコア資産だけで利用するのもよいですし、コア資産とサテライト資産の両方で活用するのもよいでしょう。

投資でお金を増やすなら、できるだけ早く始めて長く続けることが大切です。まだNISAを始めていないならば、ぜひ2023年からつみたてNISAを始めましょう。現行NISAの非課税投資枠は、統合NISAの**生涯投資枠1800万円とは別枠で保有できる**ため、非課税で投資できる金額を増やせます。また、2024年以降も統合NISAのつみたて投資枠で同じ投資信託を積み立てることで、ドルコスト平均法や複利効果を生かすことができます。

POINT

- 資産を安定的に運用する「コア」、積極的に運用する「サテライト」
- 統合NISAのスタートまで待つなんてもったいない

統合NISAのコア・サテライト戦略の例

コア資産	インデックス型・バランス型の投資信託やETF	で運用
サテライト資産	個別株やアクティブ型の投資信託	

現行NISAは統合NISAと別枠

●2023年は投資せず、2024年から統合NISAを利用した場合

2023年		2024年以降		
0円	+	1,800万円	=	1,800万円

●2023年はつみたてNISA、2024年から統合NISAを利用した場合

2023年		2024年以降		
40万円	+	1,800万円	=	1,840万円

現行NISAを利用したほうが
非課税で投資できる金額を増やせます！

今すぐNISAを始めたい！開設までの流れ

NISAは、NISA口座だけ開設して投資するものではありません。証券会社なら証券口座、銀行なら普通預金口座・投資信託口座も必要です。口座開設の手続きは、多くの金融機関で**ウェブサイト上だけで完了**します。口座開設ページにアクセスし、住所・氏名などを記載してこれらの口座開設を申し込みましょう。NISA口座も同時に申し込める金融機関もあります。

続けて、**本人確認書類とマイナンバーの写し**を提出します。本人確認書類として利用できる書類は、運転免許証や健康保険証、パスポートなどです。スマホで本人確認書類の写真を送信するだけで手続きできる金融機関もあります。

審査が完了すると、金融機関からログイン用のIDやパスワードなどが送られてきます。それを利用して金融機関のウェブサイトにログイン後、**指示にしたがって初期設定を行えば準備完了**。NISA口座にお金を入金すれば、商品の売買ができるようになります。

POINT

- 証券会社または銀行（投資信託のみ取引可）に専用の口座開設が必要
- 口座を開設できる金融機関はひとつだけ

ウェブサイトからの口座開設なら最短2日で取引が可能！

SBI証券の例

1 証券会社のウェブサイトで口座開設の申し込み

・氏名・住所等の入力、規約の確認など
・口座開設種別の選択

必ず、つみたてNISA口座を選択！

※2023年末までは一般NISAとつみたてNISAは併用できない。

2 本人確認書類・マイナンバーを提出

・スマホを持っている人は、スマホで本人確認書類やマイナンバーの読み取り等を使った本人確認も可能

3 口座開設完了通知を受領

4 本人確認書類の審査が行われる

5 初期設定を行う

・初期設定が済むまで取引不可

口座開設完了！　取引が可能になる！

出所：株式会社 SBI 証券

ｉＤｅＣｏは老後資金を作るのにいちばんおトクな制度

ｉＤｅＣｏは一定の掛金を自分で支払って運用し、その成果を60歳以降に受け取る、老後資金作りに適した制度です。ｉＤｅＣｏでは、掛金を支払うとき・運用するとき・お金をもらうときの**３つのタイミングで税制優遇**を受けられます。

ｉＤｅＣｏでは、定期預金・保険・投資信託に投資可能。掛金は**毎月５０００円から１０００円単位**で増額できます。掛金の上限は国民年金のグループや企業年金の有無で変わります。原則、60歳になるまでは資産を引き出せません。

iDeCoの全体像

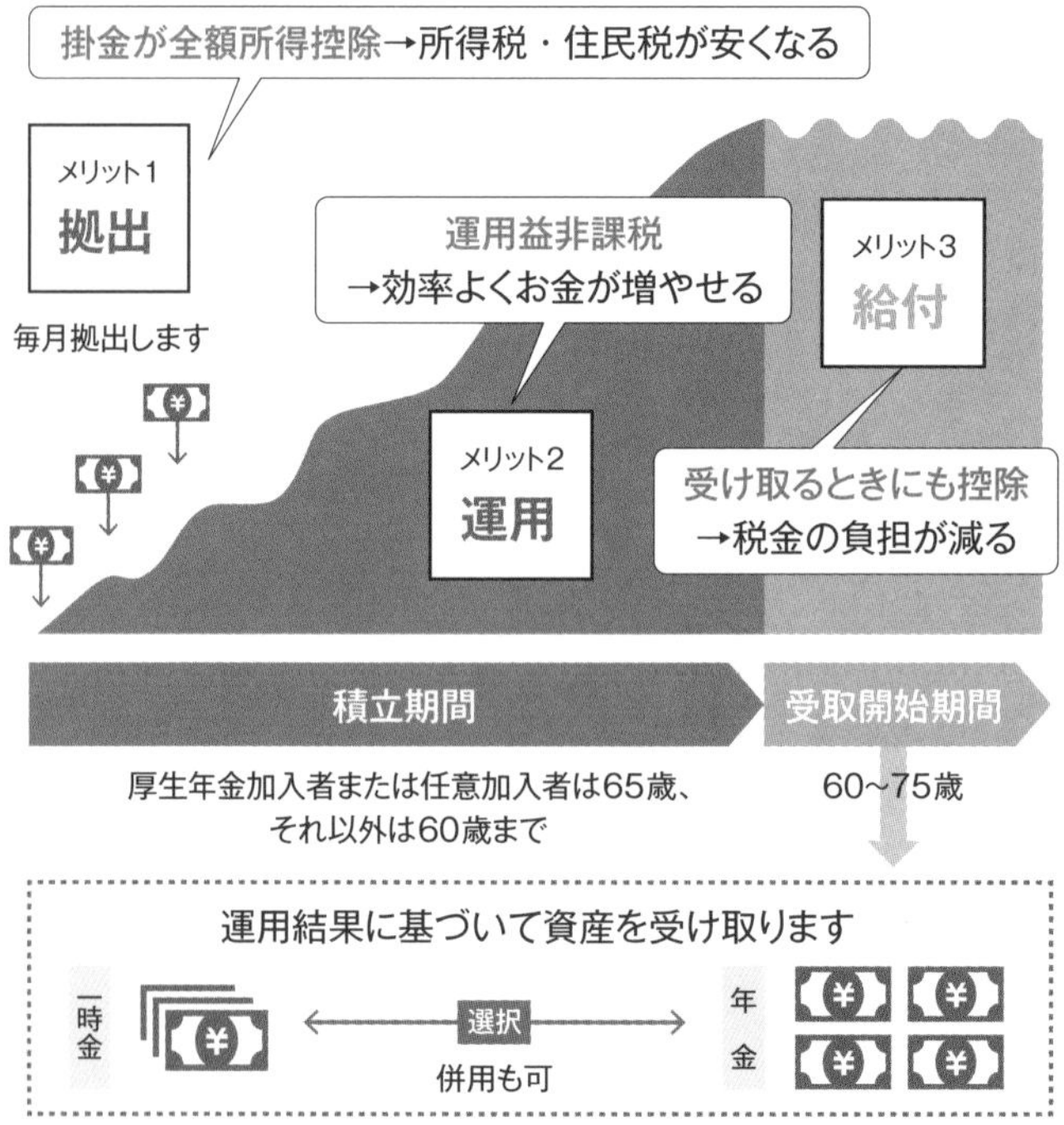

掛金が全額所得控除→所得税・住民税が安くなる
メリット1
拠出
毎月拠出します
運用益非課税
→効率よくお金が増やせる
メリット2
運用
メリット3
給付
受け取るときにも控除
→税金の負担が減る
積立期間
受取開始期間
厚生年金加入者または任意加入者は65歳、
それ以外は60歳まで
60~75歳
運用結果に基づいて資産を受け取ります
一時金
選択
併用も可
年金

自分の掛金の上限を把握しよう

会社員

企業年金なし
月額……………2万3,000円
年額………… 27万6,000円

企業型確定拠出年金あり
月額…………………………2万円
年額……………………… 24万円

確定給付型年金＋
企業型確定拠出年金あり
月額……………1万2,000円

自営業

月額…………………6万8,000円
年額……………… 81万6,000円

公務員

月額…………………1万2,000円
年額……………… 14万4,000円

専業主婦（夫）

月額…………………2万3,000円
年額……………… 27万6,000円

iDeCoは障害を負ったとき、死亡したときにも一時金がもらえる

	障害給付金	死亡一時金
給付条件	加入者が障害状態になったとき （障害基礎年金1級・2級の受給者、身体障害者手帳1級～３級の交付者など）	加入者が亡くなったとき
受取方法	一時金・年金	一時金
受給者	本人	遺族 【優先順位】 ①配偶者 ②扶養されていた親族 （子・父母・孫・兄弟姉妹・その他） ③扶養されていなかった親族 ※受取人の指定があった場合はその指定が優先
手続き	障害認定日から**1年6か月以上**経過後に本人が行う	亡くなってから**5年以内**に遺族が手続き （5年経過後は受け取れなくなる）
税金	非課税	みなし相続財産として相続税の対象 （法定相続人1人につき500万円まで非課税）

税金メリットではiDeCoが圧倒的におトク

　iDeCo最大のメリットは、支払った掛金が全額所得控除できることにあります。iDeCoで支払った掛金は、**毎年全額が「小規模企業共済等掛金控除」**という所得控除の対象になります。所得控除とは、税金の計算のもとになる「所得」から差し引く金額のこと。税金は所得控除後の所得（課税所得）に税率をかけて計算するので、所得税や住民税が安くなる、というわけです。**老後資金を貯めながら、納めるべき税金を減らせます。**

　たとえば、所得税率5%（住民税率は所得税率にかかわらず一律10%）の人が毎月2万円の掛金を支払った場合、所得税が1万2000円、住民税が2万4000円、合わせて3万6000円の節税ができます。これを仮に15年続けたら、合計**54万円も税金を節約**できます。

　また、NISAと同じくiDeCoでも投資の利益にかかる税金はゼロにできますので、効率よくお金を増やすことができます。増えた利益や利息を再び運用に回すことで、複利効果が得られるため、資産をより堅実に増やす期待ができます。

POINT

- 積み立てるだけで所得税や住民税が安くなる
- 収入の高い人ほど節税効果は大きくなる

税率が決まるまでの流れ

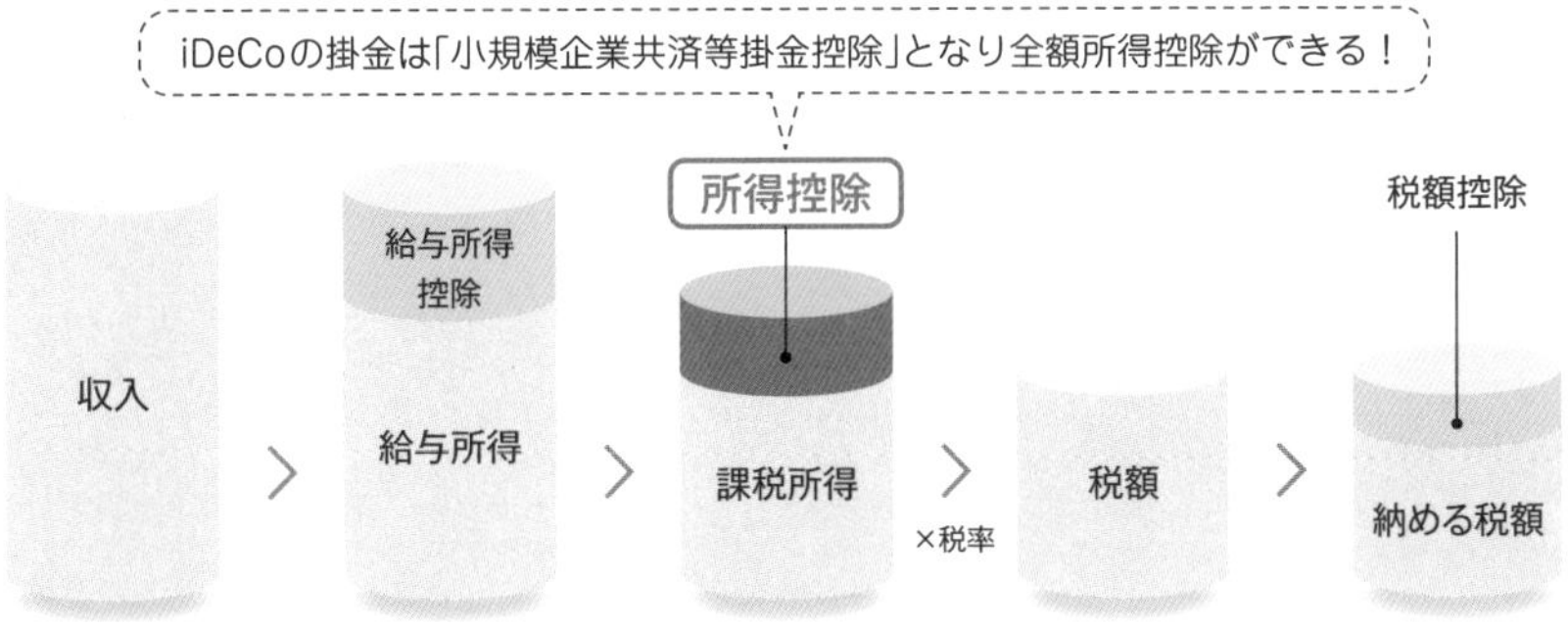

iDeCoによる節税効果をチェック！

iDeCoに投資した際の節税額=**iDeCoの掛金（年額）×（所得税率＋住民税率）**

※住民税率は所得税率にかかわらず一律10%

つまり、収入が高い人ほど節税率も高くなります！

例

所得税率が10%の人が毎月2万円ずつ積み立てた場合の節税額
iDeCoの掛金（年額）×（所得税率＋住民税率）＝節税額

24万円×(10%+10%)=4万8,000円

仮に20年間同じ金額で投資を続けた場合は、
合計96万円も税金を節約できる！

iDeCoの加入手続きは、職業、働き方によって異なる

iDeCoを始めるには、金融機関（運営管理機関）に専用の口座を開設する必要があります。金融機関のウェブサイトやコールセンターで資料請求を行うと、申込書類が届きます。自営業やフリーランスなど、第1号被保険者の人はこのなかにある**「個人型年金加入申出書」**に記入し、本人確認書類等とともに返送します。返送後、国民年金基金連合会の加入審査で承認されると**「個人型年金加入確認通知書」**が届きます。これで手続き完了です。

会社員や公務員といった第2号被保険者の人は、個人型年金加入申出書に加えて**「事業所登録申請書 兼 第2号加入者に係る事業主の証明書」**が必要です。この書類には勤め先の会社の記入欄があるので、総務部や経理部などの主管部署に提出して記入押印をしてもらい、提出します。

iDeCoの口座開設には、およそ**1～2か月程度**かかりますので、早めに取り組みましょう。

POINT

- 第1号・第3号被保険者の申し込みはカンタン
- 第2号被保険者の申し込みは、会社の記入書類が必要

NISAよりもスタートまでに時間がかかる

完了までに
1~2か月程度

1 金融機関に資料請求

・国民年金の区分によって書類が異なる

2 必要書類を記入して返送

・勤務先に書いてもらわないといけない書類もある

3 国民年金基金連合会による審査

4 口座開設の完了

「個人型年金加入申出書」は全員提出必須

会社員・公務員は「事業所登録申請書 兼 第2号加入者に係る事業主の証明書」の提出が必要

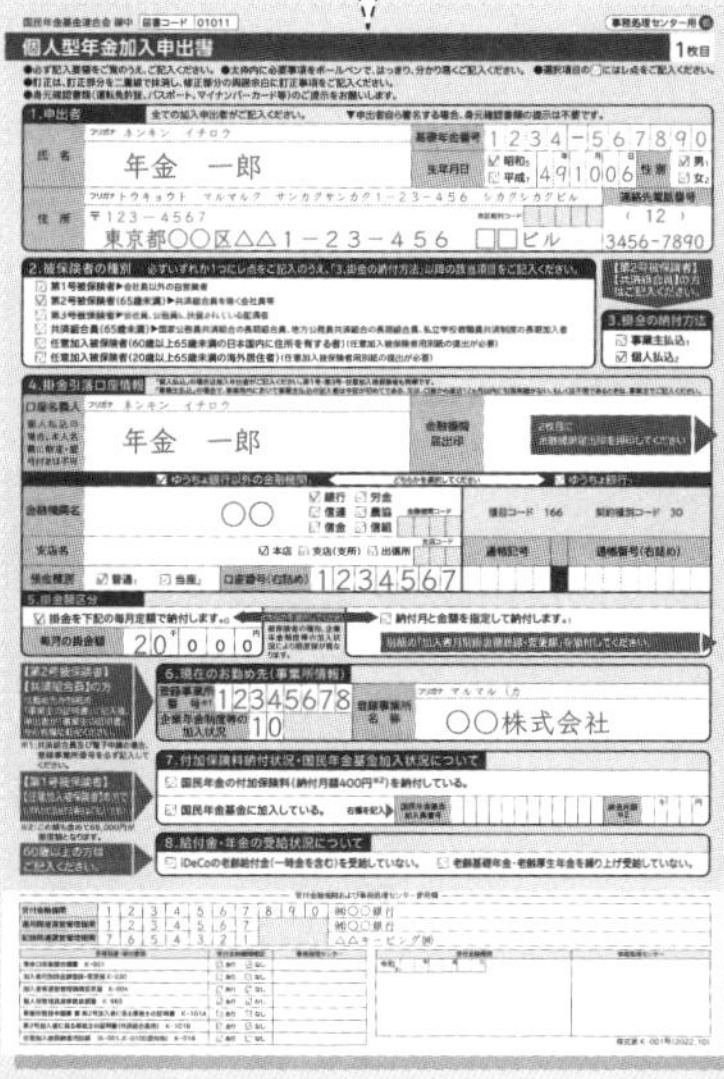

個人型年金加入申出書

1.申出者

氏名 年金 一郎

基礎年金番号 1234-567890

住所 〒123-4567 東京都〇〇区△△1-23-456 □□ビル

連絡先電話番号 (12) 3456-7890

2.被保険者の種別

3.掛金の納付方法

4.掛金引落口座情報

口座名義人 年金 一郎

金融機関名 〇〇

口座番号(右詰め) 1234567

5.掛金額区分

毎月の掛金額 20000

6.現在のお勤め先(事業所情報)

登録事業所番号 12345678

事業所名称 〇〇株式会社

企業年金制度等の加入状況 10

7.付加保険料納付状況・国民年金基金加入状況について

8.給付金・年金の受給状況について

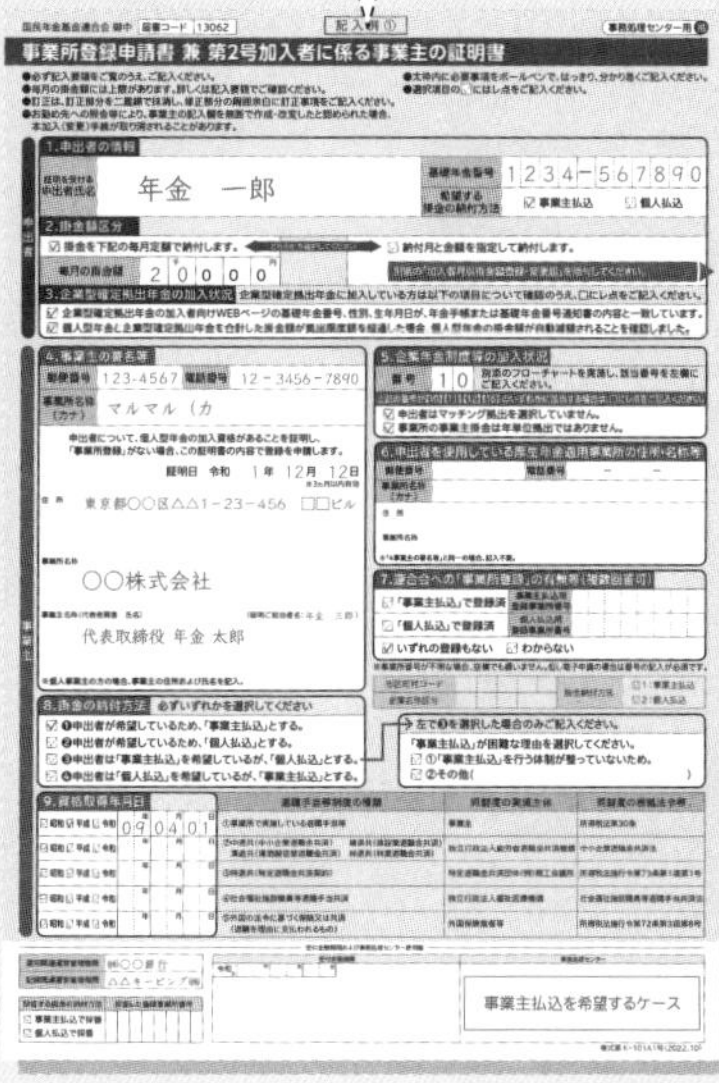

事業所登録申請書 兼 第2号加入者に係る事業主の証明書

1.申出者の情報

申出者氏名 年金 一郎

基礎年金番号 1234-567890

2.掛金額区分

毎月の掛金額 20000

3.企業型確定拠出年金の加入状況

4.事業主の署名等

郵便番号 123-4567

電話番号 12-3456-7890

事業所名称(カナ) マルマル カ

証明日 令和 1年 12月 12日

東京都〇〇区△△1-23-456 □□ビル

〇〇株式会社

代表取締役 年金 太郎

5.企業年金制度等の加入状況

番号 10

6.申出者を使用している厚生年金適用事業所の住所・名称等

7.連合会への「事業所登録」の有無等(複数回答可)

8.掛金の納付方法

9.資格取得年月日

事業主払込を希望するケース

知らないと後悔する NISA・iDeCoの「金融機関選び」

NISAもiDeCoも、原則として1人1口座しか開設できません。金融機関によってサービスが異なるので、よく選んで口座開設しましょう。

NISAは、金融機関により商品数が異なります。ネットで営業しているネット証券ではたくさん扱っていますが、街に店舗を構える店舗証券では数が絞られています。**ネット証券のほうが目的の商品を見つけやすいでしょう。**

またiDeCoでは、加入時にかかる口座開設手数料（2829円）、運用中に毎月かかる手数料（171円）に加えて、金融機関ごとに運営管理手数料がかかる場合があります。したがって、**運営管理手数料がなるべく安い金融機関**を選びましょう。無料にしている金融機関もいくつかあります。

また、わからないことが出てきた場合に質問しやすいかも確認しましょう。コールセンターが平日だけでなく土日も対応している、店舗があるなどの金融機関であれば、疑問も解消しやすいでしょう。

POINT

- 口座は「どこで作っても同じ」ではない
- iDeCoの利用時に注目したいのは「運営管理手数料」

金融機関を選ぶポイント

＼ NISA…買いたい商品が購入できるかをチェック ／

つみたてNISA（つみたて投資枠）	ネット証券 たくさんの商品を扱っている	店舗証券・銀行 商品数が絞られている

目的の商品を
見つけやすいのは
ネット証券

＼ iDeCo…運営管理手数料が安いかをチェック ／

iDeCoの手数料

	費用	支払先	金額（税込）
加入時	口座開設手数料	国民年金基金連合会	2,829円（1回だけ）
運用中	収納手数料	国民年金基金連合会	105円（拠出1回ごと）
	事務委託手数料	信託銀行など	毎月66円
	運営管理手数料	金融機関（運営管理機関）	月0円～数百円

運営管理手数料が
年5,000円違ったら
15年で7万5,000円
もの差がつく

＼ クレカ投資できるとおトク ／

クレジットカードで積立投資すると、
投資しながらポイントが貯められておトク

＼ サポート体制もチェック ／

コールセンターが長時間対応していたり、
窓口で直接相談できたりすると安心

	つみたてNISA	iDeCo	特典	備考
	取り扱い商品数	運営管理手数料		
SBI証券	192本	無料	Tポイント Pontaポイント dポイント JALのマイル	・つみたてNISAではTポイント・Pontaポイント・dポイント・JALのマイルから好きなポイントを選んで貯められる ・iDeCoは15年を超える運用実績がある
楽天証券	190本	無料	楽天ポイント	・つみたてNISAの代金を楽天キャッシュ払い・楽天カード払いすると楽天ポイントが貯まる ・iDeCoのコールセンターは土日も営業
マネックス証券	167本	無料	マネックスポイント	・つみたてNISAの代金をマネックスカード払いするとマネックスポイントが貯まる ・iDeCoの問い合わせは専門のスタッフが対応
イオン銀行	20本	無料	イオン銀行スコア	・つみたてNISA・iDeCoを利用するとイオン銀行スコアがもらえ、普通預金金利の上昇やATM・振込の手数料の無料回数が増える ・店舗窓口では365日年中無休で相談可能
ろうきん（労働金庫）	13本	月310円（年3,720円）	キャンペーン時のみギフトカード	・口座開設と対象取引でギフトカードがもらえる（キャンペーン時） ・窓口で相談可能

（2023年4月21日時点）

投資信託・ETF（上場投資信託）のおすすめ商品は？

おすすめの投資信託

1本で株式・不動産・債券など
複数の資産を組み合わせている「バランス型」

4資産均等型

ニッセイ・インデックス
バランスファンド
（4資産均等型）

各投資対象資産の指数を均等に25%ずつ組み合わせたベンチマークへの連動を目指す

つみたてNISA対応

純資産総額	290億円
基準価額	1万4,728円
信託報酬	0.154%
トータルリターン（年率）	1年：2.20% 3年：9.54% 5年：5.56%

8資産均等型

eMAXIS Slimバランス
（8資産均等型）

各投資対象資産の指数を均等比率で組み合わせた合成ベンチマークへの連動を目指す

iDeCo対応、つみたてNISA対応

純資産総額	1,880億円
基準価額	1万3,676円
信託報酬	0.154%
トータルリターン（年率）	1年：－1.19% 3年：10.85% 5年：5.39%

積極的な投資なら
世界中の株または米国株がおすすめ！

米国株全体

SBI・V・
全米株式インデックス・
ファンド

米国株式市場全体の動きを捉えることを目標とするベンチマークへの連動を目指す

つみたてNISA対応

純資産総額	1,434億円
基準価額	1万1,396円
信託報酬	0.0938%
トータルリターン（年率）	1年：－0.86% 3年：－ 5年：－

全世界株

eMAXIS Slim 全世界株式
（オール・カントリー）

世界株式市場全体の動きを捉えることを目標とするベンチマークへの連動を目指す

iDeCo対応、つみたてNISA対応

純資産総額	10,137億円
基準価額	1万7,532円
信託報酬	0.1144%
トータルリターン（年率）	1年：1.51% 3年：21.78% 5年：－

2023年4月21日時点（運用成績は4月14日時点）

おすすめのETF

投資信託よりも手数料が安く、米国株や全世界株式の指標に連動するETF、高配当株・増配株に投資するETFなどがおすすめ。

全世界株

バンガード・トータル・ワールド・ストックETF（VT）

世界株式市場全体の動きを捉えることを目標とするベンチマークへの連動を目指す

純資産総額	266億ドル
価格	93.26ドル
経費率	0.07%
直近配当利回り	1.23%
トータルリターン（年率）	1年：−4.52% 3年：13.71% 5年：6.83%

米国株全体

バンガード・トータル・ストック・マーケットETF（VTI）

米国株式市場全体の動きを捉えることを目標とするベンチマークへの連動を目指す

純資産総額	2,835億ドル
価格	206.10ドル
経費率	0.03%
直近配当利回り	1.54%
トータルリターン（年率）	1年：−6.93% 3年：15.05% 5年：10.15%

米国株（ナスダック100）

インベスコ・QQQ・トラストシリーズETF（QQQ）

ナスダックに上場する、積極的に研究開発を行う革新企業100銘柄に投資

純資産総額	1,689億ドル
価格	318.71ドル
経費率	0.20%
直近配当利回り	0.60%
トータルリターン（年率）	1年：−6.60% 3年：14.84% 5年：15.10%

米国高配当・増配株

バンガード・米国増配株式ETF（VIG）

大型株で連続10年以上増配実績のある約300銘柄で構成

純資産総額	664億ドル
価格	156.61ドル
経費率	0.06%
直近配当利回り	1.91%
トータルリターン（年率）	1年：−2.31% 3年：13.86% 5年：11.14%

2023年4月20日時点

株式投資を続けるなら、長期で保有するための銘柄選びが大切

サテライト資産のメインは、日本株や米国株といった個別株です。株の銘柄は、**長期的な視点で選ぶ**ことが大切です。値上がりが期待できる銘柄は、**10年後、20年後も必要とされるビジネス**をしており、人々の生活を豊かにしています。たとえば、人口問題にフォーカスすると、健康・美容・農業などの業界が有望だと考えることができます。また、**オンリーワンの強みがある**会社や、**研究開発**、**設備投資**、**人材育成**、**M&Aに力を入れている**会社も有力です。ネットやテレビの広告、コンビニの新商品、自分と違う世代で流行っているものなどからも、株式投資のヒントを探すことができます。

銘柄選びの際には「**会社四季報**」を活用しましょう。記事欄の見出しに「**独自増額**」「**最高益**」「**最高純益**」とある銘柄は決算が好調であることを表します。また、過去5期分と予想2期分の売上高と営業利益がともに右肩上がりの好業績銘柄は、市場の暴落からいち早く立ち直る傾向がある狙い目です。

POINT

- 4つのポイントで投資先を絞る
- 目先の値動きにとらわれてはいけない

四季報を活用しよう

資本異動・株価欄
前月の高値・安値が記載されているほか、増資・減資情報も記載

注目!
記事欄
業績の見通しや経営課題などが記載。「独自増額」「最高益」「最高純益」などの見出しは好調の証し

株主欄
上位10位までの株主、外国人投資家の保有比率が記載。海外の関心度合いがわかる

事業構成欄
その企業がどんな事業展開をしているのかがわかる

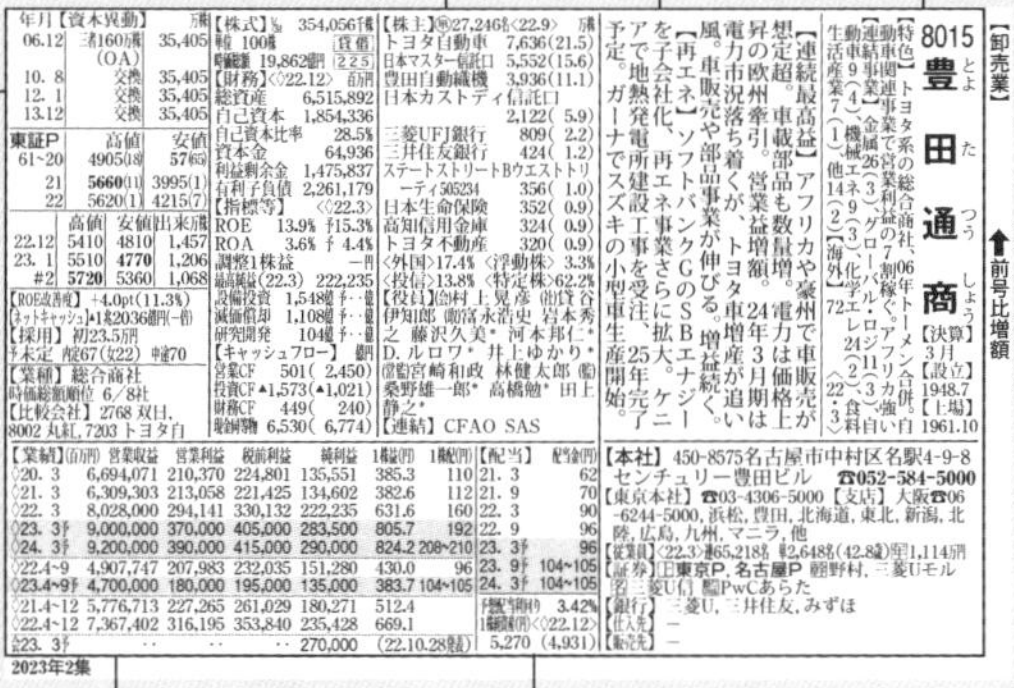
【卸売業】 ⬆前号比増額

8015 豊《とよ》田《た》通《つう》商《しょう》 【決算】3月 【設立】1948.7 【上場】1961.10

【特色】トヨタ系の総合商社、06年トーメン合併。自動車関連事業で営業利益の7割稼ぐ。アフリカ強い
【連結事業】金属26(3)、グローバル・ロジ11(3)、自動車9(4)、機械エネ9(3)、化学エレ24(2)、食料生活産業7(1)、他14(2)【海外】72〈22・3〉

【連続最高益】アフリカや豪州で車販売が想定超。車載部品も数量増。電力は価格上昇の欧州牽引。営業益増額。24年3月期は電力市況落ち着くが、トヨタ車増産が追い風。車販売や部品事業が伸びる。増益続く。
【再エネ】ソフトバンクGのSBエナジーを子会社化、再エネ事業さらに拡大。ケニアで地熱発電所建設工事を受注、25年完了予定。ガーナでスズキの小型車生産開始。

年月	【資本異動】	万株
06.12	三者160万株(OA)	35,405
10. 8	交換	35,405
12. 1	交換	35,405
13.12	交換	35,405

東証P	高値	安値
61~20	4905(18)	57(65)
21	5660(11)	3995(1)
22	5620(1)	4215(7)

	高値	安値	出来万株
22.12	5410	4810	1,457
23. 1	5510	4770	1,206
#2	5720	5360	1,068

【ROE改善度】+4.0pt(11.3%)
【ネットキャッシュ】▲1兆2036億円(一倍)
【採用】初23.5万円
予未定 内定67(女22) 中途70
【業種】総合商社
時価総額順位 6/8社
【比較会社】2768 双日, 8002 丸紅, 7203 トヨタ自

【株式】⅓ 354,056千株
単位 100株 貸借 225
時価総額 19,862億円
【財務】<◇22.12> 百万円
総資産 6,515,892
自己資本 1,854,336
自己資本比率 28.5%
資本金 64,936
利益剰余金 1,475,837
有利子負債 2,261,179
【指標等】<◇22.3>
ROE 13.9% 予15.3%
ROA 3.6% 予 4.4%
調整1株益 一円
最高純益(22.3) 222,235
設備投資 1,548億 予‥億
減価償却 1,108億 予‥億
研究開発 104億 予‥億
【キャッシュフロー】億円
営業CF 501(2,450)
投資CF ▲1,573(▲1,021)
財務CF 449(240)
現金同等物 6,530(6,774)

【株主】㊥27,246名<22.9> 万株
トヨタ自動車 7,636(21.5)
日本マスター信託口 5,552(15.6)
豊田自動織機 3,936(11.1)
日本カストディ信託口 2,122(5.9)
三菱UFJ銀行 809(2.2)
三井住友銀行 424(1.2)
ステートストリートBウエストトリーティ505234 356(1.0)
日本生命保険 352(0.9)
高知信用金庫 324(0.9)
トヨタ不動産 320(0.9)
<外国>17.4% <浮動株> 3.3%
<投信>13.8% <特定株>62.2%
【役員】(会)村上晃彦 (社)貸谷伊知郎 (副)富永浩史 岩本秀之 藤沢久美* 河本邦仁* D.ルロワ* 井上ゆかり* (常監)宮崎和政 林健太郎 (監)桑野雄一郎* 高橋勉* 田上静之*
【連結】CFAO SAS

【業績】(百万円)	営業収益	営業利益	税前利益	純利益	1株益(円)	1株配(円)
◇20. 3	6,694,071	210,370	224,801	135,551	385.3	110
◇21. 3	6,309,303	213,058	221,425	134,602	382.6	112
◇22. 3	8,028,000	294,141	330,132	222,235	631.6	160
◇23. 3予	9,000,000	370,000	405,000	283,500	805.7	192
◇24. 3予	9,200,000	390,000	415,000	290,000	824.2	208~210
◇22.4~9	4,907,747	207,983	232,035	151,280	430.0	96
◇23.4~9予	4,700,000	180,000	195,000	135,000	383.7	104~105
◇21.4~12	5,776,713	227,265	261,029	180,271	512.4	
◇22.4~12	7,367,402	316,195	353,840	235,428	669.1	
会23. 3予	‥	‥	‥	270,000	(22.10.28発表)	

【配当】	配当金(円)
21. 3	62
21. 9	70
22. 3	90
22. 9	96
23. 3予	96
23. 9予	104~105
24. 3予	104~105

予想配当利回り 3.42%
1株純資産(円)<◇22.12> 5,270 (4,931)

【本社】450-8575名古屋市中村区名駅4-9-8 センチュリー豊田ビル ☎052-584-5000
【東京本社】☎03-4306-5000【支店】大阪☎06-6244-5000, 浜松, 豊田, 北海道, 東北, 新潟, 北陸, 広島, 九州, マニラ, 他
【従業員】<22.3>連65,218名 単2,648名(42.8歳)年1,114万円
【証券】上東京P, 名古屋P 幹野村, 三菱Uモル 名三菱U信 監PwCあらた
【銀行】三菱U, 三井住友, みずほ
【仕入先】―
【販売先】―

2023年2集

注目!
業績欄
過去3〜5期分の実績とこれからの予想2期分が記載。売上高と営業利益が両方とも右肩上がりで増えている企業がよい

配当欄
配当の実績と予想が記載されている

条件に合う企業をスクリーニングする

4つの視点から見るのが大切！

- ☑ 人々の生活を豊かにしている企業か
- ☑ 10 〜 20年後も必要な事業を展開しているか
- ☑ その会社ならではの強みはあるか
- ☑ 成長、進化するDNAはあるか

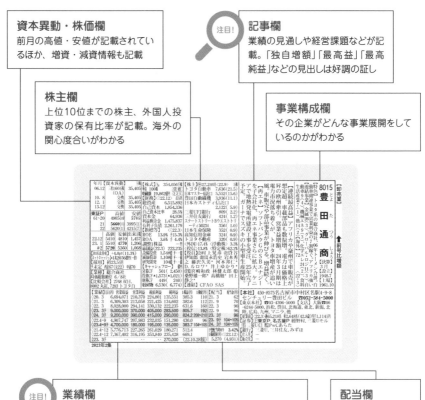

退職金の半分を投資に回すときの「鉄則」

まとまった金額の退職金が手に入ったら、退職金を投資の元本に充てようと考える方も多いでしょう。確かに、元本が多いほど利益を多く狙えるのはその通りですが、**退職金を全額投資に回すのはおすすめできません。**相場は常に上下に変動し、どこが高いか安いかはプロでも予測不可能です。そんななかで、退職金を全額投資してしまったら、冷静な判断ができなくなってしまうからです。

退職金をもらう前の預貯金額によっても変わりますが、退職金が２０００万円であれば、１０００万円ほどを預貯金や個人向け国債などの安全資産に割くとよいでしょう。コア・サテライト戦略を思い出し、**安全資産を中心に**据えましょう。

残りの退職金を投資に回す場合は、前述の投資信託やＥＴＦを利用しましょう。ただ、退職金が１０００万円あっても、**投資のタイミングは複数回に分散**させましょう。たとえば「月に50万円投資・計20回」「月に１００万円投資・計10回」「1景気サイクルの5年間で積立投資をする」などです。

POINT

- もっとも確実な方法は、個人向け国債の「変動10年」
- 投資なら何でもお金を増やせると思ったら大間違い

資産を安全資産・運用資金に配分しよう

全額を投資資金にするのはNG！
現在の資産と照らし合わせて
配分を決めよう！

STEP 1
500万～1,000万円は安全資産にする

預貯金・個人向け国債など

個人向け国債は元本割れせず、
すぐに引き出せるのがメリットです。

おすすめ！

	変動10年	固定5年	固定3年
金利	変動金利	固定金利	固定金利
満期	10年	5年	3年
最低金利	0.05％（税引前）		
利息	半年に一度受け取れる		
価格	1万円以上1万円単位		
中途換金	発行後1年経過すればいつでも可能 元本割れなし（直近2回分の利息が差し引かれる）		

STEP 2
1,000万～1,500万円は運用に回す

投資信託・ETFなど（おすすめ商品はP144参照）

⬇

投資する際はタイミングを分散する！

・月に50万円投資　計20回に分ける
・月に100万円投資　計10回に分ける
・1景気サイクルの5年間で積立投資をする　など

退職金を減らす可能性が大の「やってはいけない投資」

投資詐欺

100%
儲かる！
元本保証で
多額の配当金が
手に入ります！

そんな商品は存在しません！
絶対に手を出さないように！

毎月分配型の投資信託

毎月分配型はお小遣いが定期的にもらえる商品として、一時期人気を博しましたが、毎月一定の分配金（運用の利益）を支払い続けられる商品はそう多くありません。

運用で利益が出なかったときは元本を取り崩して分配金を支払います。分配金を支払った分だけ投資信託の元本が減る→元本が減ると、値上がりしたときの恩恵も少なくなるという悪循環を生みます。手数料も高い商品が多いです。

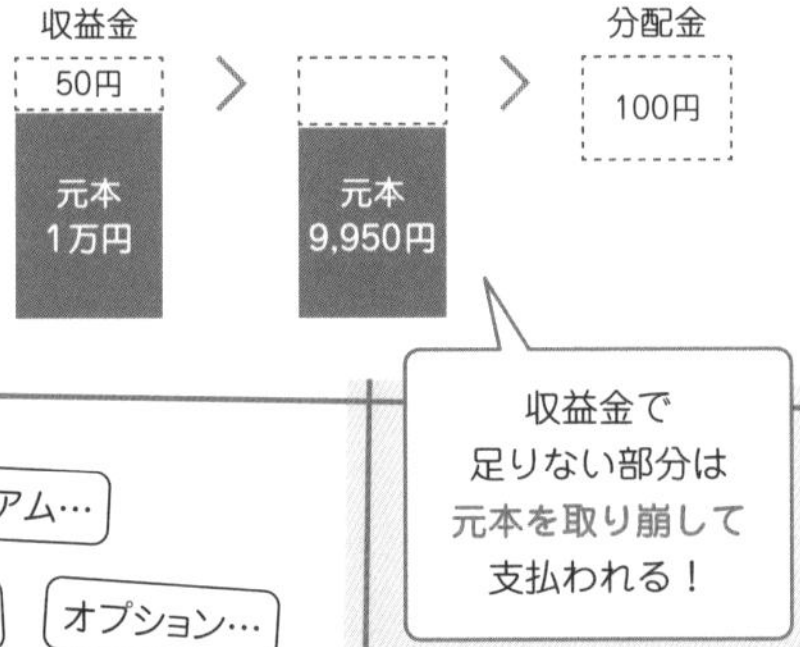
収益金
50円
元本
1万円
元本
9,950円
分配金
100円
収益金で
足りない部分は
元本を取り崩して
支払われる！

オプション付きの投資信託や仕組債

複雑なしくみを商品に組み込んだ金融商品がありますが、そもそもしくみが理解できないものへの投資はやめましょう。

また、複雑なしくみを組み合わせたものは、ハイリスクな商品が多く、手数料も高いのが一般的です。

プレミアム…
スワップ…
オプション…

退職金運用プラン

「定期預金＆投資信託」「定期預金＆ファンドラップ※」は、手数料が高く設定されていることが多く、定期預金で高い利息をもらえてもトータルでは損をしやすい商品です。

※商品選択や資産配分の決定、投資商品の売買、口座管理などをすべて専門家に任せるしくみ

販売手数料3%

円定期預金3か月ものの金利年6.0%

手数料＝
1,000万円×3%＝**30**万円

信託報酬
（保有中にかかる手数料）
も高く設定されていることが多い

金利（3か月分）＝
1,000万円×1.5%＝**15**万円

満期後は
金利が大幅に下がる

外貨建て保険

保険料の支払いや保険金の受け取りをすべて外貨（米ドル・豪ドルなど）で行う保険。円建ての保険よりも高い利回りが期待できるのが特徴です。ただ、為替の影響を受けるため、多少の金利を得られたとしても、為替レート次第で損をする可能性があります。手数料も高いです。

1米ドル130円のときに
1万米ドルの保険に加入
（130万円）

↓

受取時に
150円だと
20万円トク！

受取時に
100円だと
30万円損！

不動産投資

定年後に不動産投資をするとなると、住宅ローンはなかなか借りられないため、不動産を退職金で一括購入することになりがちです。たとえば、2,500万円の物件を購入し、家賃10万円で貸し出したとしても、元を取るまでに単純計算で**20年以上**かかってしまいます。

また、資金化したいときにすぐにできないのもデメリットです。

元を取るのに
時間がかかる！

売りたいときに売れず、
売れたとしても、
希望の金額にならないことも

「安定投資」と「積極投資」、どちらの資産を先に取り崩すか

資産運用には「資産を築く時期」と「資産を取り崩す時期」の2つの時期があります。定年を迎えたあとは、資産を取り崩す時期に入っていきます。

資産は、値動きが大きい「**積極型資産**」と値動きが小さい「**安定型資産**」に分けることができます。このうち、先に取り崩すのは株式・仮想通貨・FXといった、比較的ハイリスクの積極型資産です。年齢が上がると、市場が大きく下落した場合、回復を待つのが難しいケースもありますし、資産売却の判断力が衰えるリスクもあります。**相場のいい時期に売却し、安定型資産に移しましょう。**複数の商品を持っている場合は、リスクの大きい商品から取り崩します。

同じ積極型資産でも、投資信託やETFは一度に全部売らないようにしましょう。投資信託やETFは、分散投資で値動きを抑えられています。その特性を利用して、**運用しながら取り崩すことで、資産寿命を延ばす**ことができます。また売るときもタイミングを分散させることで、安いタイミングで売ることを防げます。

POINT

- リスクの大きい商品から取り崩す
- 一度に全部売ることはおすすめしない

リスク性の資産から取り崩す

積極型資産（リスク性資産）

株式、投資信託、ETFなど運用によって資産の変動があるもの

↓

大きく減る可能性がある

取り崩し期間はリスク性資産から売却

安定型資産

安全資産

定期預金、国内債券など

流動性資産

普通預金など

↓

資産が減る可能性は低い

取り崩しのシミュレーション

取り崩し期間	運用利回り 1%	2%	3%	4%	5%
10年	0.10558	0.11133	0.11723	0.12329	0.12950
11年	0.09654	0.10218	0.10808	0.11415	0.12039
12年	0.08885	0.09456	0.10046	0.10655	0.11283
13年	0.08241	0.08812	0.09403	0.10014	0.10646
14年	0.07690	0.08260	0.08853	0.09467	0.10102
15年	0.07212	0.07783	0.08377	0.08994	0.09634
20年	0.05542	0.06116	0.06722	0.07358	0.08024
25年	0.04541	0.05122	**0.05743**	**0.06401**	0.07095
30年	0.03875	0.04465	0.05102	0.05783	0.06505

65歳から4,500万円の資産を 年利3% で運用しながら25年かけて取り崩す場合

資産金額 × 表中の数字 = 年間の取り崩し可能額

4,500万円 × 0.05743 = 258万4,350円

90歳まで月21万5,000円使える！

65歳から4,500万円の資産を 年利4% で運用しながら25年かけて取り崩す場合

資産金額 × 表中の数字 = 年間の取り崩し可能額

4,500万円 × 0.06401 = 288万450円

90歳まで月24万円使える！

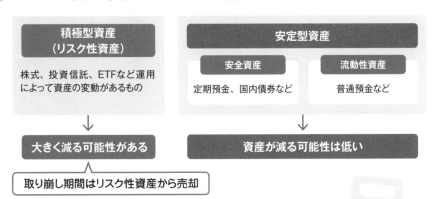

資産の取り崩し。「前半は定率、後半は定額」がもっとも賢い方法

資産の取り崩し方には、**定額取り崩し**と**定率取り崩し**の2種類があります。定額取り崩しは「毎月（毎年）○万円ずつ」と決まった金額を取り崩す方法です。定額取り崩しは、毎月・毎年の取り崩し額が一定でわかりやすく、生活費のメドを立てやすいメリットがありますが、**資産の減りが早い**のが難点です。

対する定率取り崩しは、「毎月（毎年）資産の○%ずつ」と資産を一定の割合で取り崩す方法です。定率取り崩しは、定額取り崩しよりも資産が長持ちするのがメリットですが、**取り崩し額がわかりにくい**のがデメリット。また、毎年受け取れる金額が年々減っていくことにも注意が必要です。

おすすめは「前半定率、後半定額」で取り崩すこと。**資産が多いうちは定率で、資産が少なくなってきたら定額で取り崩す**ようにすると、資産が長持ちし、上手にお金を使えます。**楽天証券「定期売却サービス」**のように、保有している投資信託を自動的に定率・定額で売却してくれる金融機関もあります。

POINT

- 定額取り崩しと定率取り崩しを組み合わせる
- 資産運用を続けながら取り崩すことで、長期的にはお金を増やせる

定額取り崩し・定率取り崩しのメリット・デメリット

	メリット	デメリット
定額取り崩し	・毎年（毎月）の取り崩し額が一定なのでわかりやすい ・生活費のメドをつけやすい	・定率取り崩しよりも資産の減りが早い
定率取り崩し	・資産が長持ちする	・取り崩し額がわかりにくい ・受け取れる金額が年々減っていく

前半は定率、後半は定額→資産の減りを抑えながら、後々まで受け取れる金額をキープしやすい

2,000万円の資産の取り崩しの比較

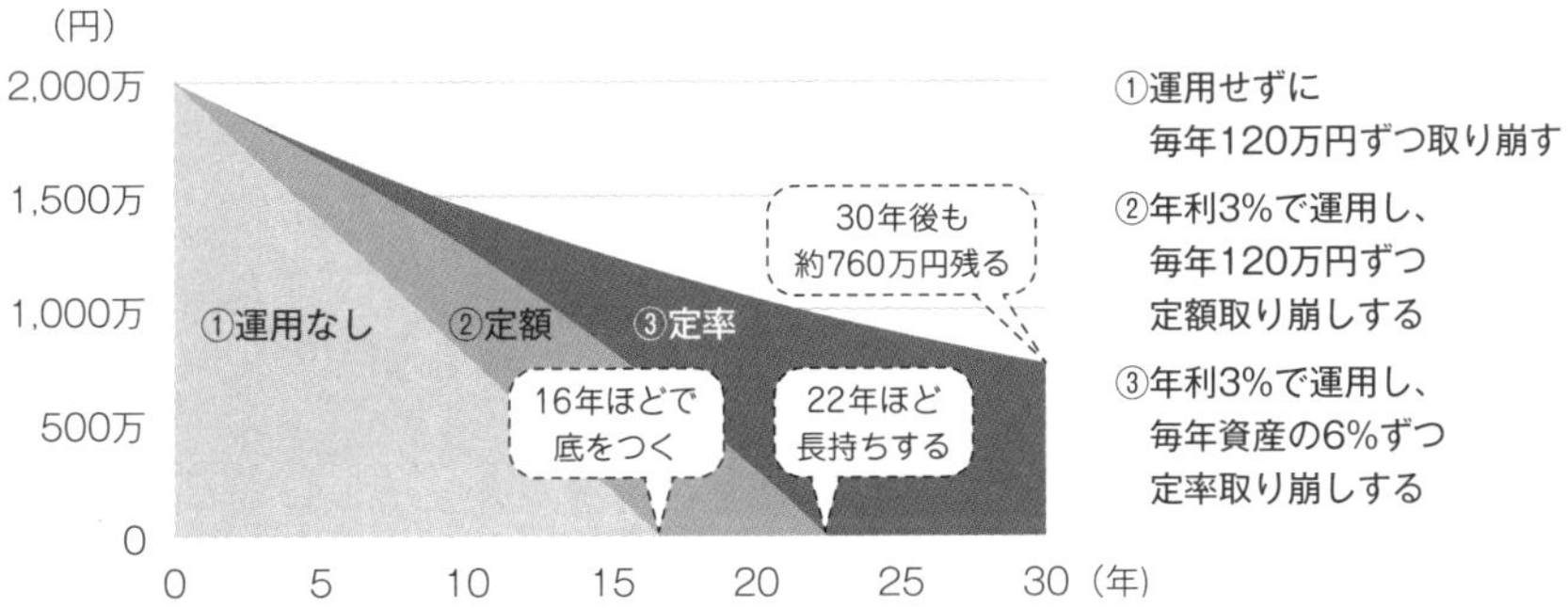

前半定率・後半定額がおすすめ

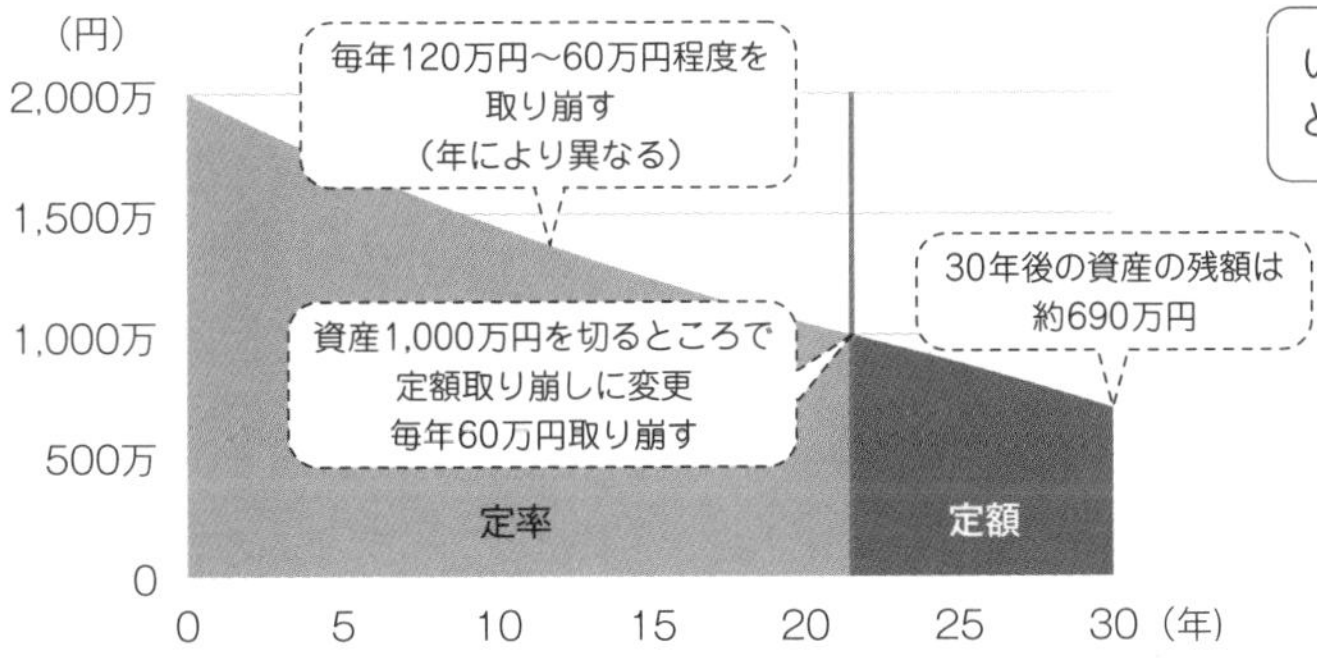

iDeCoは「いつから、どうやって」受け取るか？

　iDeCoでは、条件を満たせば65歳まで掛金を出せます。また、65歳以降75歳までの間は資産を運用益非課税で運用できます。とはいえ、大切なのはiDeCoの資産をいつから、どう受け取るかです。iDeCoの資産の受取方法には大きく分けて「**一時金**」と「**年金**」があり、どう受け取るかで受けられる控除が変わります。

　一時金の場合は「**退職所得控除**」が利用できます。退職所得控除は本来、会社から受け取る退職金にかかる税金の負担を軽くする控除ですが、iDeCoの資産を一時金で受け取るときにも利用できます。それに対して年金の場合は「**公的年金等控除**」が利用でき、税額を減らせます。

　iDeCoもNISAと同様にできるだけ長く非課税で運用してから受け取るのがおすすめです。また、退職金とiDeCoの資産を受け取る場合には、**どちらを先に受け取るのか**が重要。iDeCoを先に受け取り、5年以上空けてから退職金を受け取れば、退職所得控除がiDeCoと退職金の両方に使えるため最大限節税できます。

POINT

- 一時金で受け取る場合は「退職所得」
- 年金で受け取る場合は「雑所得」

5年以上の加入期間があれば、受け取りができる

加入年齢	加入期間	受取開始年齢
	50歳～60歳	60歳～70歳～75歳
50歳未満	10年以上	60歳～75歳
50歳～52歳未満	8年以上10年未満	61歳～75歳
52歳～54歳未満	6年以上8年未満	62歳～75歳
54歳～56歳未満	4年以上6年未満	63歳～75歳
56歳～58歳未満	2年以上4年未満	64歳～75歳
58歳～60歳未満	1か月以上2年未満	65歳～75歳
60歳以上		加入 ← 5年経過 → ～75歳

2つの受け取り方法がある

一時金

一時金で受け取れる

退職所得控除が適用

iDeCoの加入年数、もしくは勤続年数によって控除額が決まる。

P17の退職所得控除の計算式の「勤続年数」を「加入年数」に変えればOK

＋ 組み合わせもできる！

年　金

年金で受け取れる

公的年金等控除が適用

ほかの公的年金等の収入と合計した金額に応じて控除額が異なる。

P18の公的年金等控除の計算式を活用して算出すればOK

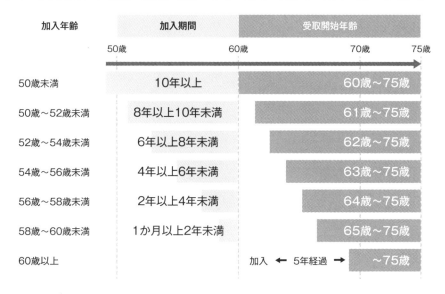

iDeCoは受取時にどのくらい控除される？

退職所得控除の合算対象になる条件

退職金が先、iDeCoがあと	前年以前19年以内に受け取った一時金
iDeCoが先、退職金があと	前年以前4年以内に受け取った一時金

iDeCoを先に受け取り、5年以上空けて退職金を受け取れば
それぞれの退職所得控除が使える！

iDeCoの控除額をシミュレーションしてみよう

条件

勤続年数30年、iDeCo加入年数20年のAさん

- 退職金…………1,800万円
- iDeCo……………600万円
- 合計……………2,400万円

［ケース①］60歳で退職金とiDeCoの一時金を両方受け取る

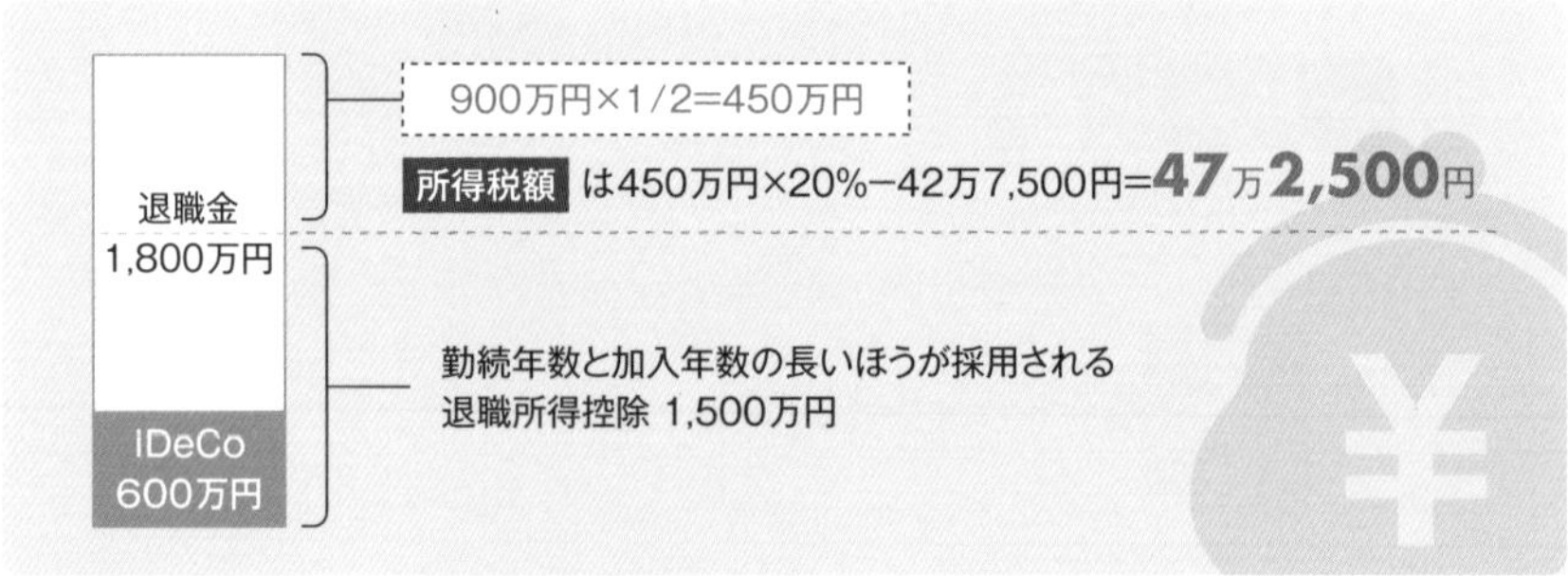

所得税額は約47万になる

［ケース②］60歳でiDeCoの一時金、65歳で退職金を受け取る

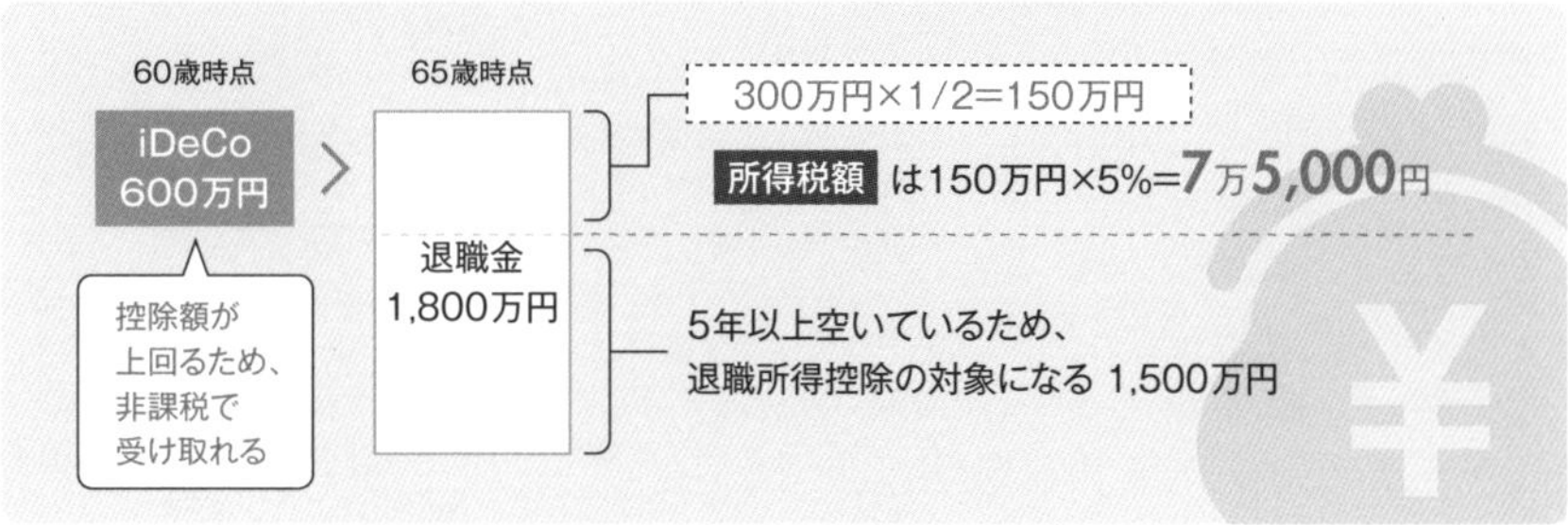

5年間空けて別々に受け取ると、
ケース①と比較して所得税の金額が40万近くも減る！

［ケース③］60歳で退職金を一時金で受け取り、61歳でiDeCoを受け取る

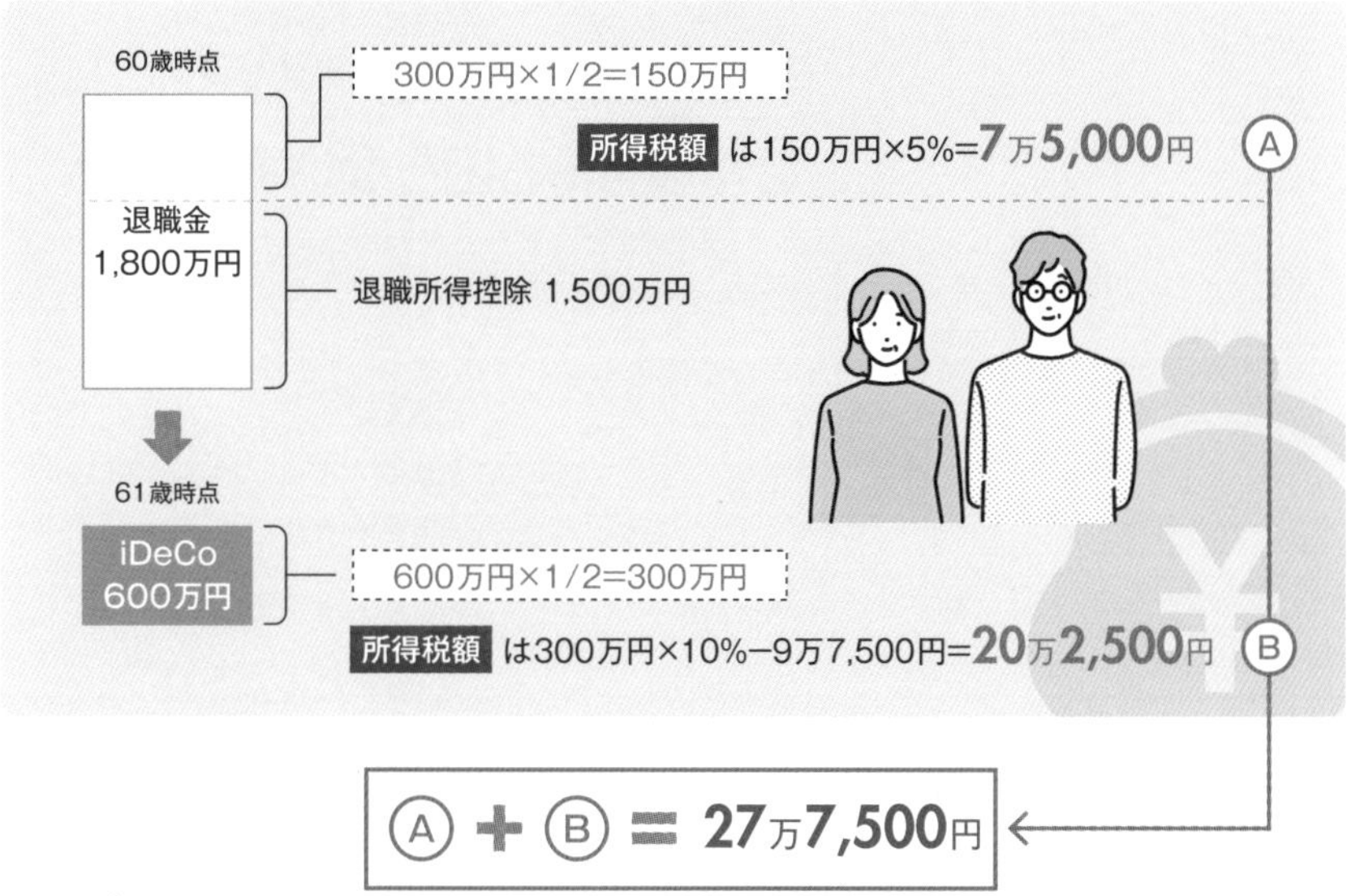

同時受け取りのケース①よりも所得税が20万近く減る！

勤務先の事情でケース②ができない場合は、ケース③を検討しよう。
iDeCoに退職所得控除は適用できないが、2分の1課税は適用になるので、
所得税率を下げられる可能性があり、所得税を減らせる効果が期待できる！

頼藤太希（よりふじ・たいき）

株式会社 Money & You 代表取締役。マネーコンサルタント。

中央大学商学部客員講師。早稲田大学オープンカレッジ講師。

慶應義塾大学経済学部卒業後、外資系生命保険会社にて資産運用リスク管理業務に従事。2015 年に現会社を創業し、現職へ。

資産運用・税金・年金・家計管理などに関する執筆、講演などを通して日本人のマネーリテラシー向上に注力すると同時に、月 400 万 PV 超の女性向け Web メディア『Mocha』や登録者 1 万人超の YouTube『Money&YouTV』を運営。『定年後ずっと困らないお金の話』（大和書房）、『マンガと図解 はじめての資産運用』（宝島社）、『はじめての NISA & iDeCo』（成美堂出版）など著書累計 100 万部超。

日本年金学会員。日本証券アナリスト協会検定会員。宅地建物取引士。ファイナンシャルプランナー（AFP）。日本アクチュアリー会研究会員。

Twitter: @yorifujitaiki

大《おお》きな文字《もじ》でとにかくわかりやすい
定年後《ていねんご》ずっと困《こま》らないお金《かね》の話《はなし》

2023 年 6 月 25 日　第 1 刷発行

著者　頼藤太希《よりふじたいき》
発行者　佐藤 靖
発行所　大和《だいわ》書房
東京都文京区関口 1-33-4　〒 112-0014
電話　03（3203）4511

カバーデザイン　八木麻祐子（Isshiki）
本文デザイン・図版制作　鎌田俊介（Isshiki）
イラスト　こつじゆい
編集協力　山角優子（ヴュー企画）
畠山憲一（Money & You）
本文印刷・製本　中央精版印刷
カバー印刷　歩プロセス

ISBN978-4-479-79784-5
乱丁・落丁本はお取替えいたします
http://www.daiwashobo.co.jp/